AF590257

FACULTÉ DE DROIT DE PARIS

DROIT ROMAIN

CARACTÈRE, MÉCANISME ET EFFETS
DE
L'ACTION INSTITORIA

DROIT FRANÇAIS

LES
CAISSES D'ÉPARGNE

ÉCONOMIE POLITIQUE

THÈSE POUR LE DOCTORAT

PAR
Jean STAMBULESCO
ANCIEN ÉLÈVE DIPLOMÉ DE L'ÉCOLE DES SCIENCES POLITIQUES DE PARIS

PARIS
LIBRAIRIE NOUVELLE DE DROIT ET DE JURISPRUDENCE
ARTHUR ROUSSEAU, ÉDITEUR
14, RUE SOUFFLOT ET RUE TOULLIER, 13.

1888

AU

PRINCE DEMÈTRE GR. GHIKA

PRÉSIDENT DU SÉNAT ROUMAIN

FACULTÉ DE DROIT DE PARIS

DROIT ROMAIN

CARACTÈRE, MÉCANISME ET EFFETS

DE

L'ACTION INSTITORIA

DROIT FRANÇAIS

LES

CAISSES D'ÉPARGNE

ÉCONOMIE POLITIQUE

THÈSE POUR LE DOCTORAT

L'ACTE PUBLIC SUR LES MATIÈRES CI-APRÈS SERA SOUTENU
Le Mardi 17 juillet 1888, à 3 heures

PAR

Jean STAMBULESCO

ANCIEN ÉLÈVE DIPLOMÉ DE L'ÉCOLE DES SCIENCES POLITIQUES DE PARIS

Président : M. ALGLAVE

SUFFRAGANTS : MM. RATAUD, BEAUREGARD } Professeurs; LE POITTEVIN, agrégé

PARIS

LIBRAIRIE NOUVELLE DE DROIT ET DE JURISPRUDENCE

ARTHUR ROUSSEAU, ÉDITEUR

14, RUE SOUFFLOT ET RUE TOULLIER, 13.

1888

La Faculté n'entend donner aucune approbation ni improbation aux opinions émises dans les thèses; ces opinions doivent être considérées comme propres à leurs auteurs.

DROIT ROMAIN

CARACTÈRE, MÉCANISME ET EFFETS

DE

L'ACTION INSTITORIA

INTRODUCTION

L'action *institoria* est une de ces actions qui, dans l'étude de leur développement successif, donne une idée très juste de la marche du progrès des idées et surtout du progrès de la vie économique du peuple romain qui tient une si grande place dans l'histoire de l'antiquité, et qui peut, à juste titre, revendiquer une grande part d'influence sur la civilisation moderne.

Notre action est étroitement liée à ce progrès, et en l'étudiant, on suit, sans le vouloir, et presque pas à pas, les modifications de leurs idées, leur développement, non seulement au point de vue juridique, mais même au point de vue social.

Née des besoins du commerce et de la difficulté que l'on avait à se mouvoir dans les étroites limites posées par les lois civiles, on voit cette action d'abord simple subterfuge du préteur, employé pour sanctionner une pensée d'équité ; on la voit après, en lutte avec les idées les plus enracinées, les dispositions du droit civil les plus respectées, sapant leurs fondements, et enfin elle termine par formuler les premiers principes de la théorie du mandat moderne.

Avant de nous demander ce que c'est que l'action *institoria*, disons quelques mots des circonstances dans lesquelles elle fut créée, des besoins auxquels elle répondait.

A l'origine, les Romains sont un peuple de guerriers, et comme c'était la guerre qui devait assurer à ceux qui s'y distinguaient, honneurs et emplois, richesse et noblesse, ce fut aussi là le premier métier qu'ils s'appliquèrent à exercer, et à perfectionner ; mais comme on ne vivait pas toujours en guerre, force fut aux citoyens Romains de s'adonner à quelque travail entre deux expéditions, et comme les premiers besoins de l'existence les poussaient vers la culture de la terre, ils se firent agriculteurs.

A côté donc de l'art de la guerre, nous ne trouvons d'autre métier que l'agriculture, qui soit considéré comme digne des homme libres.

Cicéron ne voit, dans le commerce de détail, qu'une

école de mensonge ; il est un peu plus indulgent pour le gros commerce.

Pour en revenir aux Romains des premières époques, nous dirons que cet état de choses se comprend aisément, quand on tient compte de la simplicité, on peut même dire de la rudesse des mœurs de ce peuple à son origine, tel que nous le décrivent ses historiens.

Les besoins n'étaient pas nombreux, et leur satisfaction n'exigeait aucunement le déploiement d'une grande activité, d'une industrie bien compliquée.

« Ils craignaient tout des barbares, et rien d'un peuple négociant », dit Montesquieu, en parlant des Romains, et plus loin : « d'ailleurs leur génie, leur gloire, leur éducation militaire, la forme de leur gouvernement, les éloignaient du commerce. Dans la ville, on n'était occupé que de guerres, d'élection, de brigues et de procès ; à la campagne d'agriculture [1]. »

Mais lorsque cette simplicité des mœurs antiques disparut ; lorsque le peuple Romain mis en contact par la guerre avec des peuples plus civilisés que lui, leur ravit leur indépendance et leur richesse, il leur emprunta également quelques unes de leurs mœurs, et par conséquent quelques-unes de leurs industries. Partant des besoins nouveaux se firent sentir, qui en-

1. Montesquieu, *Esprit des Lois.* l. XXI, ch. XIV.

traînèrent avec eux des rapports de commerce et quelques commencements d'industrie.

Mais à cet essor de l'industrie et du commerce il y avait une difficulté, car les citoyens Romains, tout en appréciant le bien-être résultant des nouvelles mœurs, n'en conservaient pas moins tout leur mépris pour le travail, spécialement pour l'industrie et le commerce; mépris qui fut très général dans l'antiquité et partagé par les esprits les plus éclairés de ces temps.

Nous savons, en effet, qu'à Rome comme à Athènes et dans toutes les anciennes républiques de la Grèce et de l'Italie, l'industrie et quelquefois aussi le commerce étaient méprisés, et déshonoraient ceux qui s'y livraient.

De cette façon, les éléments les plus importants, les ressorts les plus puissants de la vie économique des sociétés, étaient regardés comme les branches les plus subalternes de l'activité nationale; ils étaient réputés au-dessous de la dignité des hommes libres et comme tels abandonnés aux esclaves.

Mais il ne suffit pas du mépris si profondément qu'il soit entré dans les mœurs d'un peuple, pour faire déserter un travail lucratif et surtout un travail qui, par la force des choses, devait prendre tous les jours de l'extension; aussi « quelque fussent en général les préjugés des Romains contre le commerce, leurs patriciens avides par instinct de race et par leur constitution politique qui attribuait la puissance à la richesse, n'en dédaignaient nullement les profits; seulement au lieu d'exercer eux-mêmes un négoce; ils confiaient leurs intérêts à un esclave ou à un affranchi[1] ».

Les citoyens Romains étaient donc quittes avec les préjugés, en ne se mêlant pas eux-mêmes et directement au commerce, mais cela ne les empêchait pas de charger leurs esclaves de faire ce qu'ils ne pouvaient faire, et de cette façon de retirer tous les bénéfices de l'entreprise.

« C'était là, dit M. Mommsen, une conséquence forcée de la possession de nombreux esclaves, de préposer ceux-ci aux petites opérations du négoce urbain. Leur maître les établissait comme ouvriers ou marchands[2] ».

Nous voyons donc les patriciens Romains employer leurs esclaves ou leurs affranchis pour faire le commerce ainsi que leurs fils, ces derniers du moins pour la direction générale de leurs affaires.

1. Scherer, *Histoire du commerce de toutes les nations*, t. I, p. 114.

2. M. Mommsen. *Histoire Romaine*, t. II, p. 277.

PREMIÈRE PARTIE

Caractère de l'action *institoire*.

Nous savons que d'après les principes du droit Romain le *paterfamilias* pouvait devenir créancier en vertu des contrats faits par les personnes soumises à sa puissance ; ainsi l'esclave, le fils de famille pouvaient le rendre créancier, mais ils ne pouvaient jamais le rendre débiteur.

Les fils de famille s'obligeaient certainement en contractant, mais cette obligation restait dépourvue de sanction réelle tant que durait la puissance paternelle.

Plus tard quand le préteur eut créé les actions *de peculio*, *de in rem verso*, le tiers eut un recours contre le père, mais ce recours était circonscrit dans certaines limites.

Quant aux esclaves préposés, comme ils ne pouvaient pas s'obliger civilement, leurs contrats ne donnaient naissance à aucune action.

Et cependant pour mener à bonne fin l'entreprise

dont ils étaient chargés, les fils de famille, les esclaves, se trouvaient très souvent dans la nécessité de vendre, acheter ou emprunter pour les affaires concernant leur commerce, et quelquefois dans des endroits très éloignés du domicile de la personne pour le compte de laquelle ils agissaient.

De cet état de choses il résultait une grande iniquité : les fils de famille en contractant avec les tiers ne leur offraient pas une grande garantie ; car n'ayant point de patrimoine, les actions intentées contre eux échouaient devant leur insolvabilité. Donc tandis que le *paterfamilias* pouvait, en vertu des principes du droit civil, exercer tous les droits qu'ils avaient pu acquérir par leurs contrats avec les tiers, les dettes les obligations qu'ils avaient contractées restaient à leur charge, et les tiers ne pouvaient en obtenir l'exécution, en tant du moins que le *paterfamilias* ne demandait pas l'exécution des obligations contractées par ces tiers.

Dans ce cas donc, les tiers étaient laissés complètement à la merci du *paterfamilias*, qui, à son gré, pouvait donner suite au contrat, et alors les tiers attaqués pouvaient se prévaloir eux aussi des créances qui en résultaient et demander qu'elles soient compensées avec les dettes corrélatives nées du même contrat, ou ne pas l'exécuter s'il n'y trouvait aucun bénéfice.

Si le préposé était un esclave la position des tiers

était encore pire, l'esclave n'ayant pas pu contracter une obligation civile, les tiers n'avaient aucune action contre lui.

Si enfin le préposé est un homme *sui juris*, il y avait bien là une obligation civile de sa part, mais comme généralement, il n'y avait que des gens de basse extraction et sans aucun patrimoine, qui se chargeaient de ces entreprises, les tiers se trouvaient à peu près dans le même état que s'il s'agissait d'un fils de famille.

C'est à cette iniquité que le préteur vint mettre un terme, et cela non seulement dans l'intérêt des tiers, mais aussi dans l'intérêt bien entendu du maître de l'exploitation, car personne n'aurait plus voulu contracter dans des conditions aussi mauvaises, sans aucune garantie de paiement.

Le préteur se trouvait donc en face d'une personne ayant la faculté de retirer tous les bénéfices possibles, des contrats passés par ses préposés et il estima juste de lui faire compenser ces bénéfices avec les engagements qui constituaient la contre-partie ; et les tiers qui avaient traité avec le préposé, étaient d'autant plus dignes d'intérêt, qu'ils ne pouvaient pas s'assurer de la solvabilité et de la capacité de celui avec lequel ils traitaient, ne le connaissant généralement pas et n'ayant pas de facilités pour contrôler ses assertions, à cause de la distance souvent considérable entre le lieu ou le contrat devait avoir lieu et le domicile de ce préposé. Et si les tiers connaissaient sa qualité de préposé et traitaient avec lui, on peut dire qu'ils n'avaient en vue que le préposant, pour le compte duquel ils savaient que le préposé agissait

On voit donc que la pensée du préteur est une pensée d'équité, il se révolte de voir ces tiers sans aucun recours, et redresseur des torts et de l'étroitesse des règles du droit civil, il interpose son autorité pour sanctionner un droit.

Il créa donc une action, pour permettre aux tiers de recourir contre le véritable maître de l'affaire, cette action est l'action *institoria ;* et quant aux raisons qui l'ont décidé voici comment les résume Ulpien : *Æquum prætori visum est, sicut commoda sentimus ex actu institorum, ita etiam obligari nos ex contractibus ipsorum, et conveniri*[1].

Ces raisons condensées par Ulpien dans cette seule phrase *æquum visum est,* etc., et que nous avons rapidement esquissées, peuvent être résumées de la sorte.

D'abord, on peut dire que si le préposé s'est obligé par contrat envers les tiers, il l'a fait sur l'ordre du maître, ordre non pas spécial pour cette affaire même mais ordre général qu'il lui a donné en le mettant à la tête de cette exploitation, de faire tout ce qui peut être utile à ce commerce.

1. Ulpien, L. 1, pr. D. L. XIV, T. III.

Il était donc juste de faire supporter par le maître les conséquences de son ordre.

Ensuite, et c'est là la seconde raison, ce même maître encaisse tous les bénéfices que l'entreprise peut produire, bénéfices résultant des contrats passés par ses préposés ; il eut été souverainement injuste de laisser peser les charges sur les derniers seulement.

Enfin les tiers, ayant pris connaissance de la lettre de la *præpositio*, sont fort excusables de n'avoir pas recherché, quelle est la capacité et la solvabilité du préposé ; car s'ils ont contracté, ils l'ont fait en vue du préposant et comme disent les textes *domini fidem secuti*.

Cette position très fâcheuse où se trouvaient les tiers, de contracter en suivant la foi du préposant ou d'être obligé de faire des longues et difficiles recherches sur la capacité et la solvabilité des préposés, décida le préteur à intervenir. Quant au préposant nous savons que les créances résultant des contrats faits par ses préposés passent sur sa tête, si ces derniers sont des esclaves ou des fils de famille. Mais que va-t-il se passer si le préposé est un homme libre ? Le préteur qui accorde dans tous les cas aux tiers faculté d'agir contre le préposant, n'admet pas la réciproque sans condition. Il n'accorde au préposant recours contre les tiers que s'il est en danger de perdre ; par exemple, si le préposé est insolvable.

Quant aux raisons de cette différence voici comment les expose M. Labbé[1] :

« Le préposant a organisé l'entreprise, choisi le préposé, il a fait sa condition, beaucoup plus librement que les tiers. Il ne mérite pas autant que ceux-ci d'être secouru.

« Le préposant n'a pas suivi la foi des tiers qu'il ne connaît pas, comme les tiers ont suivi la foi du préposant, qui a publié son nom et son intérêt dans l'affaire.

« Chaque tiers en agissant, n'a à se préoccuper que du contrat qu'il négocie. Le préposant a un compte général à recevoir du préposé avec balance entre les déboursées et les recettes; il ne doit pas aisément être autorisé à détacher à son profit un élément actif de compte. »

Avant de commencer l'étude de cette action, il nous faut dire qu'elle est étroitement liée avec une autre action, qui lui est analogue à beaucoup de points de vue, nous voulons parler de l'action *exercitoria* ; et que ces deux actions par leur but et leurs effets, comme aussi par leur origine, se trouvent constamment réunies ensemble.

Cela explique pourquoi les textes en parlent quelquefois des deux à la fois, et très souvent quand les jurisconsultes ont étudié en détail l'une d'elles, se

1. M. Labbé. Appendice IX, Liv. III, p. 876. Explic. Hist. des Institutes d'Ortolan.

dispensent de répéter les mêmes observations pour l'autre.

Cela explique aussi pourquoi, dans une étude faite principalement sur l'action *institoria*, nous serons forcés de parler quelquefois aussi de l'action *exercitoria*, et surtout de nous servir de textes qui s'en réfèrent comme étant celle dont les jurisconsultes se sont le plus occupés.

Ayant rapidement esquissé les circonstances qui ont décidé le préteur à créer cette action il nous faut maintenant voir quand il y a lieu de l'appliquer.

Il faut donc se demander quels étaient les cas où les citoyens romains avaient l'habitude de se faire remplacer par leurs esclaves ou leurs fils dans leurs affaires?

Ce serait trop long et sans grande importance, au point de vue juridique du moins, de rechercher toutes les circonstances dans lesquelles notre action pouvait s'appliquer, disons seulement que les cas sur lesquels les textes reviennent constamment, sont ceux d'un commerce exercé dans une auberge, dans une banque, ou sans demeure fixe comme celui consistant à colporter les marchandises dans les villes ou dans les campagnes, etc.

Mais est-ce que toutes les fois qu'on chargeait quelqu'un d'une mission à remplir, y avait-il *præpositio*, et les tiers qui avaient contracté, pouvaient-ils recourir à l'action *institoria?*

A cette question il faut répondre négativement.

Il ne suffit pas qu'une personne charge une autre d'une mission quelconque, par exemple de l'accomplissement d'un fait isolé, pour qu'il y ait lieu à l'application de notre action.

En effet en pareil cas il peut y avoir mandat ordinaire, et le fait accompli sera jugé d'après les règles du mandat, mais il n'y a pas lieu à l'action *institoria* et cela pour cette raison très simple, qui est du reste le motif qui a décidé le préteur à intervenir, que s'il s'agit d'un fait isolé, les tiers ont pu et dû s'informer si ce fait rentrait dans la capacité du mandataire ; parce que dans ce cas l'acte n'étant pas dans le pouvoir habituel de celui avec qui ils traitaient et qu'en outre aucune urgence ne les pressait à contracter dans les plus courts délais, ils devaient prendre toutes leurs précautions pour ne pas être trompés.

Et que s'ils ont contracté à la légère sans s'informer de la capacité et de la solvabilité de ce mandataire, ils étaient en faute et devaient souffrir les conséquences. Donc si le mandat d'accomplir un fait isolé, ne suffit pas pour donner naissance à l'action *institoria*, recherchons quels sont les conditions nécessaires pour cela.

Voyons d'abord quelle idée nous donnent les jurisconsultes sur la mission des *institores*; voici comment définit Ulpien l'*institor* : *Institor appelatus est ex eo, quod negotio gerendi instet : nec multum facit, taber-*

næ sit præpositus, an cuilibet alii negotiationi (Ulpien, l. 3, D. L. XIV, T. III). On voit donc qu'il parle d'une auberge ou de tout autre commerce.

Paul est plus explicite quand il nous dit : *Institor est, qui tabernæ, locove, ad emendum, vendendumve præponitur, quique sinu loco ad eumdem actum præponitur* (Paul, l. 18. D. L. XIV, T. III).

De ces textes comme de tous ceux qui se réfèrent à notre action, on voit clairement que l'*institor* est préposé à une affaire déterminée, et qu'il ne suffit pas d'une seule opération ; mais il faut une entreprise, c'est-à-dire une suite d'actes se rattachant entre eux, et ayant pour but l'exploitation d'un fonds.

La Grande Glose même, fait cette distinction entre l'*institor* et le simple *procurator* : *Institor dicitur is qui præponitur alicui administrationi quæstuariæ universali, procurator vero qui ad unum actum præponitur* (29, D. 12).

Les jurisconsultes nous parlent toujours d'une banque, d'une auberge, d'une boutique quelconque enfin ou de marchandises à vendre ou à acheter ; ce qui constitue encore un ensemble d'actes ayant pour but des profits à réaliser.

Peu importe donc que l'opération se fasse dans un lieu déterminé, boutique ou auberge, ou qu'elle consiste à courir les campagnes et les villes en colportant les marchandises, le fait est le même : un fonds à exploiter, et celui qui y est préposé porte le nom d'*institor*.

En analysant donc les différents cas dont nous parlent les textes, on voit facilement ressortir deux éléments constitutifs de la *præpositio* d'un *institor*: 1° il faut qu'il s'agisse d'une affaire à diriger et que le but de cette entreprise soit des bénéfices à réaliser, une mission quelconque ne suffirait pas; 2° il faut qu'il s'agisse d'une entreprise à mener à bonne fin, d'une série d'actes et non pas d'un seul acte commercial.

On est souvent tenté de dire qu'il s'agit ici d'une affaire commerciale et malgré soi on emploie cette expression.

Cela n'est peut être pas tout à fait exact, car les Romains ne paraissent pas avoir été amenés à reconnaître plusieurs branches nettement définies dans leur droit privé, et les textes ne contiennent aucune trace d'une subdivision du droit dans ce sens. Mais comme nous ne pouvons pas toujours nous défendre d'apporter nos idées modernes dans l'étude des législations anciennes nous risquons souvent d'en fausser le sens.

Ainsi dans notre cas, il est peut-être bien plus juste de dire qu'il s'agit d'un ensemble d'affaires, d'une série d'opérations destinées à se fondre dans un gain total; et les textes qui nous parlent d'une *negotiatio* fournissent un argument dans ce sens, car le mot *negotiatio* paraît vouloir dire: une affaire quelconque plutôt qu'un acte de commerce.

En revenant à la *præpositio* nous ajouterons que le

maître en mettant l'*institor* à la tête de l'entreprise, a entendu lui donner le droit de le représenter, c'est-à-dire de faire tous les actes qui se rattachent à cette entreprise, et c'est pour mieux préciser l'étendue des pouvoirs, que l'habitude était de faire une lettre de *præpositio*, qui était soumise à la publicité, et dans laquelle les tiers pouvaient trouver les éléments nécessaires, pour reconnaître si tel ou tel acte rentrait ou non dans les pouvoirs de l'*institor*.

En résumé donc, pour qu'il y ait lieu à l'application de notre action, il faut non seulement qu'il s'agisse d'une opération quelconque, mais d'un ensemble d'opérations ayant en vue des bénéfices à réaliser.

Il s'est trouvé cependant un auteur, qui a cru pouvoir trouver la base de la différence entre l'*institor* et le simple *procurator*, dans d'autres considérations que les bénéfices à réaliser et la pluralité des opérations à conclure.

Ainsi pour Doneau l'*institor* est chargé des opérations synallagmatiques seulement, tandis que le *procurator* des contrats unilatéraux, et c'est là pour lui la seule différence entre l'un et l'autre.

Nous ne pouvons pas accepter cette théorie, car il y a des textes où nous voyons un *institor* figurant dans un contrat unilatéral (l. 5, § 2 et 19, § 1, D. L. XIV, T. III), et par contre un *procurator* dans un contrat synallagmatique (l. 8, § 10 et 12, § 9 ; D. L. XVII, T. I).

Ayant fait ressortir les conditions indispensables

pour l'existence de la *præpositio*, et par conséquent de l'action *institoria*, étudions notre action en elle-même.

Dans les Institutes la grande importance de l'action *institoria* disparaît, à cause de la place même qui lui est assignée ; on n'en parle en effet qu'à propos des contrats faits par les personnes *alieni juris*.

Pour bien nous rendre compte de cette action, qui est d'origine prétorienne, il faut commencer par établir en quelques mots la mission du préteur, et ce qui est plus important pour notre étude, la manière dont il se prenait généralement pour remplir cette mission.

Papinien, dans un texte célèbre, nous dit en parlant du préteur : « *jus prætorium est, quod prætores introduxerunt, adjuvandi, vel supplendi, vel corrigendi juris civilis gratia, propter utilitatem publicam* ». (Papinien, l. 7, § 1 ; D. L. I, t. I), il nous dit cela à une époque où le droit prétorien avait parachevé son œuvre à travers ses diverses évolutions.

Le droit prétorien est donc, d'après lui, celui que le préteur a introduit pour seconder, pour compléter et enfin pour corriger le droit civil, voilà en quelques mots les effets de l'activité du préteur.

A son entrée en charge il rendait un édit, par lequel il faisait connaître ses vues sur les règles de droit, qu'il allait appliquer durant l'année de sa magistrature ; et cela pour remplir sa principale mission qui était de maintenir et d'assurer le fonctionnement des institutions existantes, en appliquant les lois, en organisant pour la sauvegarde des droits résultant de ces lois, les meilleurs procédés pour les faire valoir en justice.

Maintenant si nous recherchons, quels sont les procédés employés pour accomplir cette importante mission, nous constaterons en observant l'ensemble de l'œuvre du préteur, qu'après son souci de servir l'équité, il n'en avait pas d'autre auquel il soit plus attaché, que celui de ne jamais heurter de front les principes essentiels du droit civil, pour lequel il témoigne, d'accord en cela avec tous les jurisconsultes, un profond respect.

Il s'ingénie à trouver les moyens les plus simples, qui tout en ayant l'air de ne pas toucher au droit civil, pourront produire l'effet désiré ; et jusque dans ses plus radicales innovations, on le voit aimant mieux tourner la difficulté que le texte de la loi lui présente, que de s'attaquer de front à cette loi.

Que ce soit là le procédé du préteur, il n'y a nul doute, on n'a qu'à observer toutes les modifications apportées aux principes du droit civil ; partout on rencontrera ce désir de concilier autant que possible, le besoin d'innovations que la pratique journalière des affaires rendait nécessaires, avec les vieux principes du droit.

Du reste la fonction même du préteur l'obligeait à se comporter de la sorte. Chargé avant tout de maintenir, de faire fonctionner les institutions établies, d'appliquer les lois existantes, il ne pouvait pas changer brusquement les principes les plus anciens, il attendait que l'occasion se présentât, pour assurer le triomphe de l'équité par des procédés particuliers.

De tout cela il y a cette conclusion à tirer, que si le préteur se décide à ajouter quelque chose à la loi, « ce sera surtout pour développer dans un sens équitable et pratique des principes posés d'une manière trop étroite ; s'il la corrige, ce sera seulement dans quelques résultats qui froissent l'équité, ce ne sera jamais en en heurtant de front les principes essentiels [1]. »

C'est de cette façon qu'il arrive à donner satisfaction aux changements, aux modifications qui s'opèrent dans les mœurs, et lorsque les prescriptions de la loi ne sont plus en harmonie avec l'esprit de l'époque.

Ceci posé, venons de suite à notre action qui nous fournira l'occasion d'étudier en détail la manière d'agir du préteur. — L'action *institoria* porte le nom du préposé, contrairement à l'action *exercitoria*, qui est ainsi nommée d'après le nom du préposant. Pour cette différence on a donné deux explications, d'abord on a dit que c'était dans l'intention des jurisconsultes de donner le nom du préposé même à l'action *exercitoria*, mais on s'est heurté à une difficulté, car composer un adjectif avec le mot *magister*, pour l'ap-

1. M. Accarias, t. I, p. 50. *Précis de droit romain.*

pliquer à l'action créée, c'eut été fort peu élégant ; c'est du moins l'explication qu'en donne Doneau, en effet, il nous dit : « *ab exercitore recte dicitur exercitoria; a magistro autem non recte magistralis, certe non ex usu Latinorum*[1]. »

L'autre explication qui est bien plus plausible est celle-ci : Si l'action *institoria* tire son nom du préposé, cela tient à la diversité des cas auxquels elle s'applique ; en effet, il y avait tant d'espèces d'entreprises, qu'il était difficile de trouver un nom commun, à tous ceux qui préposaient à leurs exploitations des *institores*.

Aussi les textes emploient toujours une périphrase quand ils veulent parler du préposant, ils disent : *is qui institorem præposuit*.

Arrivant à la nature de notre action, nous ferons remarquer que quand nous disons l'action *institoria*, nous ne nous exprimons pas d'une manière correcte ; car à ce nom d'action *institoria*, on pourrait s'attendre à une action proprement dite, à une action ayant son existence propre et distincte, telle que l'action résultant de la vente, du louage ou de tout autre contrat.

Eh bien, non, l'action *institoria* n'a pas ce caractère, elle est la qualité d'une action, un attribut qui vient s'ajouter et modifier l'action qui découle naturellement du contrat et qui prend ce nom d'*institoria*,

1. Donelli. *Commentarii de jure civile*, t. IV, lib. XV, p. 49.

à cause des circonstances dans lesquelles elle a pris naissance.

L'action *institoria* est, nous l'avons déjà dit, une action prétorienne et son but est d'adoucir un vieux principe rigoureux du droit civil.

Mais à Rome jamais une loi nouvelle ne vient pas changer entièrement ce qu'une autre loi a établi, ainsi nous voyons à l'époque classique les plus vieilles règles, celles qui figuraient dans la loi des Douze Tables encore debout et inscrites en tête des livres des jurisconsultes.

Cependant la pratique des affaires ayant demandé des nouvelles règles, on finit en fait par introduire tant de modifications, qu'il ne reste plus rien ou presque plus rien de vieilles règles.

L'action *institoria* comme son analogue l'action *exercitoria*, fait partie d'un groupe auquel les interprètes ont donné le nom d'actions *adjectitiæ qualitatis*.

Les autres actions qui se trouvent rangées dans cette même rubrique sont les actions *quod jussu*, *de peculio*, *de in rem verso* et *tributoria ;* et elles présentent certains points de ressemblance entre elles.

D'abord elles ont la même origine, c'est-à-dire qu'elles sont dues à la même pensée d'équité.

Elles ont en outre ce caractère commun, qu'elles s'exercent contre le maître, bien qu'il n'ait pas été partie à l'acte accompli par le fils, l'esclave ou le préposé.

Ensuite presque toutes ces actions sont fondées sur le consentement tacite ou exprès du maître, sauf l'action *de in rem verso* qui dérive d'un simple enrichissement qu'il aurait réalisé.

Quant au but qu'elles poursuivent, il y a des différences ; ainsi l'action *institoria*, *exercitoria* et *quod jussu* ont pour but de faire obtenir au créancier la totalité de sa créance, c'est-à-dire qu'elles sont données *in solidum*. Et il ne faut pas s'étonner de nous voir citer comme une particularité ce qui est le caractère commun de la généralité des actions.

La raison de notre remarque tient à cette particularité que présente une partie des actions du groupe dont nous parlons; ainsi l'action *tributoria*, *de peculio* et *de in rem verso*, n'aboutissent pas toujours à une condamnation *in solidum*.

La raison de cette différence se trouve dans la nature même de ces diverses actions ; ainsi pour ce qui concerne les actions *tributoria* et *de peculio* il peut se faire qu'elles n'aboutissent pas à une condamnation *in solidum*, parce que le maître n'a voulu être obligé que sur une portion de ses biens qu'il a désignée, et, quant à l'action *de in rem verso*, le maître n'a pu être tenu *in solidum*, parce que son obligation se confond avec son profit.

Il n'en est pas ainsi des actions *exercitoria* et *institoria* et cela parce que la *præpositio* étant générale, le maître a tacitement consenti à être obligé sur tout son patrimoine.

Quant à l'ordre chronologique, les actions *institoria et exercitoria* ont été les dernières créées.

Pour en revenir à l'innovation du préteur, nous ferons remarquer que le préposé agissant dans la limite de ses pouvoirs, et dans le but d'exploiter l'entreprise à la tête de laquelle il a été placé, s'est trouvé avoir besoin de vendre, d'acheter ou d'emprunter, il se trouvait donc obligé par ces contrats, et tenu d'une action qui portait le nom du contrat d'où elle découlait ; mais cette action était insuffisante, en ce sens que les tiers se trouvant souvent en face d'un incapable ou d'un insolvable, ne pouvaient obtenir aucun des bénéfices stipulés par le contrat en leur faveur.

Alors nous avons vu le préteur intervenir, et accorder aux tiers qui avaient passé ces contrats avec le préposé, une action par laquelle ils pouvaient atteindre le préposant.

Mais quelle sera cette action ? Ce sera l'action née du contrat, action *venditi*, *empti* ou *locati*, etc., avec la qualification *d'institoria*, qui est pour ainsi dire le cachet qui en démontre l'origine, et le titre qui lui permettra d'atteindre le préposant et produire ses effets contre lui.

C'est donc bien improprement qu'on appelle le recours des tiers entre le préposant action *institoria*, au fond il n'y a pas d'action proprement dite, spéciale.

D'ailleurs le préteur eût été bien en peine d'en faire autrement, c'est-à-dire de créer une action distincte pour sanctionner le recours des tiers contre le préposant; car la foule des cas où ce recours pouvait se trouver nécessaire eut été impossible à contenir dans une action, dans une formule nouvelle.

Il eut fallu créer autant d'actions, qu'il pouvait y avoir de contrats que le préposé jugeait utiles à passer dans l'exercice de ses fonctions; surtout si le préteur s'était inspiré de cette pensée, qui est essentiellement romaine, d'assigner à chaque contrat une action déterminée qui lui corresponde.

Le préteur a trouvé bien plus commode, de se servir des actions existantes, en les modifiant seulement, en tant qu'il était nécessaire, pour arriver à son but; c'est-à-dire sauvegarder l'équité, qui se trouvait compromise.

C'est ce qu'ont parfaitement compris les commentateurs du droit romain, qui ont rangé toutes les actions similaires à celle-ci, comme l'action *quod jussu*, *de peculio*, *exercitoria* et *tributoria* sous la même rubrique, en les désignant sous le nom d'actions *qualitatis adjectitiæ*.

Du reste cette qualification d'actions *qualitatis adjectitiæ*, outre qu'elle correspond assez bien à la nature des choses, à l'idée qui a présidé à leur création, trouve un point d'appui dans les textes, ainsi Paul

(L. 5, § 1, D. L. XIV, t. I) nous dit en parlant de l'action *exercitoria* : « *hoc enim edicto non transfertur actio sed adjicitur* ».

Après avoir montré pour ainsi dire la génèse de cette action, il nous reste à nous demander comment le tiers qui se trouve en avoir le bénéfice s'en servira ; cumulera-t-il cette nouvelle action avec celle qu'il peut avoir contre *l'institor*, ou sera-t-il obligé de s'en tenir à la nouvelle ?

Pour répondre à cette question, même à défaut de textes, il eut suffi de se rappeler les principes généraux, qui ont guidé le préteur dans son œuvre, pour répondre qu'il a dû changer le moins possible à l'état ancien, et que, du moment qu'il est arrivé par une voie quelconque au résultat désiré, il s'est tenu pour satisfait.

Cela nous aurait donc indiqué que le préteur a dû laisser subsister pour les tiers le droit qu'ils avaient d'agir contre *l'institor* au moyen des actions résultant du contrat passé avec lui, et qu'en outre il leur a accordé le droit, s'ils le préféraient, d'agir contre le préposant.

Le préteur a été amené à ce résultat, par les circonstances mêmes qui l'ont décidé à intervenir. Que voit-il en effet ? un tiers qui a contracté avec une personne chargée de gérer un commerce, et qui se trouve dans l'impossibilité d'obtenir l'accomplissement de ce contrat, à cause de l'incapacité ou de l'insolvabilité de la personne avec laquelle il a contracté. Dans ce cas, s'est-il dit, cette personne, l'*institor*, n'étant que le représentant d'une autre personne, qui va profiter de tous les bénéfices, nous allons faire supporter par cette même personne, les obligations qui peuvent en résulter.

Mais ce n'était pas toujours le même cas qui se présentait, quelquefois l'*institor* pouvait être une personne *sui juris* et solvable, dans ce cas il eut été inutile d'obliger le tiers, de diriger son action contre le maître.

Donc même en admettant que le préteur fût disposé d'introduire une réforme radicale, ce qui ne rentre nullement dans ses habitudes, la pratique des affaires l'aurait dissuadé.

Pour notre compte nous sommes assez disposé à croire qu'en fait les choses se sont passées de la manière suivante ; le préteur après avoir été appelé à plusieurs reprises, à porter son attention sur les réclamations des intéressés, sur le point de savoir quel recours ils pourraient avoir contre le fait de l'insolvabilité ou l'incapacité des préposés, se décida à leur venir en aide. Mais avec la mesure qui caractérise ses inovations, tout en s'étant dit, que du moment que le préposant profitait des gains obtenus, il devait répondre aussi des obligations ; il n'alla pas à l'extrême opposé, il ne dispensa pas le préposé de son obligation ; il ne remplaça pas l'obligation de ce dernier par celle du préposant, mais il accorda simplement son concours, pour le cas où le tiers croirait avoir avantage, à agir contre le préposant plutôt que contre le préposé.

Le préteur fut donc amené par la force des choses, à laisser au tiers le choix entre les personnes qu'il allait actionner ; donc dès le début *l'institor* ne fut nullement déchargé de l'action dont il pouvait être tenu, et à l'époque classique nous avons des textes qui le prouvent; ainsi Ulpien nous dit : « *Est autem nobis electio, utrum exercitorem an magistrum convenire velimus.* » (L. 1, § 17, D. L. XIV, t. 1). Paul nous dit aussi que la nouvelle action est ajoutée et non pas substituée à l'ancienne (Paul, L. 5, § 1, D. L. XIV, t. 1).

Mais pour mieux préciser le caractère de cette action, prenons le texte d'Ulpien, l. 1, § 24, D. L. XIV, t. I, voilà ce qu'il nous dit à cet égard : « *Hæc actio ex persona magistri in exercitorem dabitur : et ideo, si cum utro eorum actum est, cum altero agi non potest.* » Ce texte nous indique d'une manière formelle que si le préposant est atteint par cette action, ce n'est que parce que le préposé s'est obligé dans l'exercice de ses fonctions. Cette action passe de la personne de *l'institor* dans celle du maître, c'est donc une action ayant sa source dans l'obligation du préposé, et pouvant seulement par ricochet pour ainsi dire, aller toucher le préposant.

Il n'y a donc qu'un seul lien de droit, qu'une seule obligation servant de base à ces deux actions ; l'une et l'autre ont leur source dans le fait du préposé, et le supposent obligé envers le tiers.

Mais comme le préteur trouve qu'il serait injuste de le laisser seul exposé à l'action des tiers, à l'exclusion du préposant qui est le véritable instigateur du contrat, et qu'en tout cas c'est lui qui aura à bénéficier des profits, il dirige cette action contre ce dernier sous le nom d'action *institoria*.

Le préposant se trouve donc tenu pour ainsi dire accessoirement, dans ce sens que son obligation n'est au fond, que la conséquence de l'obligation de son préposé ; du reste le texte ajoute tout de suite et comme conséquence de cette unique obligation, que le recours introduit contre l'un d'eux libère l'autre. Le tiers se trouve donc en face de ces deux actions entre lesquelles il a un choix à faire, aussi doit-il bien réfléchir avant d'avoir fait son choix ; car il est définitif, et il ne peut plus après avoir dirigé son action contre l'un d'eux, se retourner contre l'autre.

Quand nous disons que le tiers a un choix entre les deux actions, nous supposons le cas où *l'institor* est une personne *sui juris* ou un fils de famille ; car s'il s'agit d'un esclave, il est évident qu'il n'a pas de choix, ne pouvant pas agir contre une personne qui est incapable de s'obliger civilement, et par conséquent de répondre à une action intentée contre lui.

On appelle aussi notre action une action indirecte, par cette raison qu'elle n'est donnée contre le maître que pour des actes qui n'ont pas été faits par lui personnellement ; mais par des personnes qu'il a préposé à son commerce.

Ensuite, par cela seul que cette action n'est qu'une qualité d'une action ordinaire, elle doit nécessairement prendre la nature de l'action à laquelle elle est appelée à servir d'attribut ; ainsi l'action *institoria* sera une action de bonne foi ou de droit strict, suivant que le contrat d'ou elle découle, est un contrat de bonne foi ou de droit strict.

DEUXIÈME PARTIE

CHAPITRE PREMIER

Mécanisme de l'action *institoria*

Ayant mis en lumière le côté théorique seulement de l'innovation du préteur il nous faut montrer maintenant le moyen matériel pour ainsi dire, employé pour arriver à ce but ; pour cela il faut étudier la formule de l'action *institoria*, et exposer le jeu du mécanisme inventé pour venir en aide aux tiers.

Cette action ayant été créée après l'apparition du système formulaire, c'est-à-dire après la loi Æbutia, il ne fut pas bien difficile au préteur de satisfaire son désir d'obvier aux inconvénients qui résultaient de la règle de la non-représentation.

Voyons quels étaient les moyens que le préteur employait généralement, quand il se décidait à apporter une modification aux règles du droit civil, qui ne répondaient plus aux besoins d'une société en progrès, et dont le nombre des affaires, des transactions allait tous les jours en augmentant.

Keller[1] en parlant de la mission du préteur, d'organiser les procédés les plus convenables pour la sauvegarde des droits reconnus par le droit civil, nous dit qu'il y a trois moyens auxquels le préteur avait recours, pour combler ou corriger ce qu'il y avait de rigoureux dans la législation.

1) Ou bien il avait recours à des fictions, cela lorsqu'il se trouvait dans une hypothèse plus ou moins voisine d'un cas, où le droit civil avait déjà organisé une action; et alors, à l'aide de ces fictions, il arrivait à appliquer à des rapports nouveaux des formules existantes, mais qui avaient été créées primitivement pour des cas assez différents.

2) Ou bien encore, lorsque l'hypothèse où il se trouvait, était tout à fait analogue à celle pour laquelle il existait déjà une action d'après le droit civil, mais qui ne pouvait être donnée qu'entre certaines personnes, alors le procédé auquel il avait recours était encore plus simple, il ne faisait qu'étendre cette formule à des personnes pour lesquelles ou contre lesquelles elle n'avait pas été créée, et en faisant figurer le sujet actif ou passif d'après le droit civil dans l'*intentio*, et celui qu'il considérait comme le véritable créancier ou débiteur dans la *condemnatio*, il faisait naître la possibilité d'invoquer un lien de droit, en faveur ou contre une personne qui n'en était tenue avant.

3) Ou bien enfin, lorsqu'il ne trouvait aucune ana-

1. Keller. *Traité des actions*, p. 123.

logie avec les actions existantes, et voulant créer des formules nouvelles correspondant à des actions nouvelles, il avait recours à la rédaction de la formule *in factum*; c'est-à-dire qu'il exposait dans sa formule le fait sur lequel le juge avait à se prononcer, au lieu de poser une simple question de droit.

Et plus loin en passant en revue ces diverses manières, dont se prenait le préteur pour modifier les règles sévères du droit civil, Keller nous dit que, dans notre cas, le préteur se trouvant en présence d'une action, qui existait déjà d'après le droit civil, mais qui frappait le préposé seul, n'a pu faire autrement que de modifier dans cette action ce qui était nécessaire, pour pouvoir atteindre le préposant.

Donc dit-il, pour transporter l'obligation de la tête du préposé sur la tête du préposant, le préteur a eu une opération fort simple à faire, et qui consiste à mettre le nom de ce dernier à la place de celui du préposé dans la partie finale de la formule délivrée, c'est-à-dire dans la *condemnatio*.

Il n'a pas fait le même changement dans l'*intentio* pour cette raison que, le préposant n'étant pas tenu d'après le droit civil, il ne pouvait pas figurer dans l'*intentio* pour le *dare, facere oportet*.

Ce procédé nous paraît très naturel de la part du préteur : nous avons vu en effet plus haut qu'il s'est toujours montré respectueux pour les dispositions du droit civil, et que jusque dans ses plus profondes modifications, il met un soin extrême à les effectuer avec le moins de bruit, le moins d'apparence possible.

Quant à la formule de notre action nous ne la connaissons pas, les jurisconsultes ayant négligé de nous la transmettre; mais en se reportant au § 39 et suivants du IVe commentaire de Gaius, où sont exposées d'une façon très méthodique les règles du système formulaire, on a pu reconstituer une formule qui réponde aux données de notre action.

Ainsi Keller tenant compte de l'esprit de l'œuvre du préteur, des circonstances d'où cette action est née, et aussi de cette raison que le maître de l'exploitation n'était pas obligé d'après le droit civil, et qu'en conséquence son nom ne pouvait pas figurer dans l'*intentio*, mais seulement dans la *condemnatio*, il a cru pouvoir reconstituer la formule de notre action de la manière suivante : formule *in jus*[1]:

« *Si paret Titium magistrum Aulo Agerio X millia sestertium dare oportere, judex Numerium Nigidium exercitorem A° A° X millia condemna; si non paret absolve* ».

Et formule *in factum :*

« *Quod Aus Aus Titio magistro X millia medimnos tritici vendidit, qua de re agitur, quidquid ab eam rem Titium A° facere oportet ex fide bona, ejus judex Num A° condemna* ».

1. Keller, *des Actions*, ch. II, § 32.

Ces formules empruntées à l'action *exercitoria*, s'appliquent aussi à l'action *institoria*, *mutatis mutandis*.

Il est certain en effet, qu'étant donné le système formulaire, le préteur ne pouvait trouver aucune difficulté dans la procédure, pour satisfaire son désir de servir l'équité, en assurant un recours contre le préposant.

Pour cela il n'avait qu'un simple changement à opérer dans la partie finale de la formule, et il est à présumer que cette facilité même fut une des causes qui contribuerent à décider le préteur à intervenir de bonne heure dans cette matière.

Mais cette formule de Keller a plusieurs désavantages, que les partisans même de son opinion en ce qui concerne la manière de procéder du préteur en cette circonstance, reconnaissent sans difficulté.

D'abord elle renferme le juge dans des limites fort étroites, elle ne lui laisse aucune latitude, pour apprécier si le préposé en faisant ce contrat, se trouvait encore dans ses attributions telles qu'elles lui avaient été assignées.

En outre pour se rapprocher le plus possible de la vérité, elle devrait embrasser la plus grande partie de questions, qui pouvaient se présenter à l'occasion d'une pareille action, et donner ainsi au juge plus de facilité, pour trancher la question en litige.

Ensuite, comme cette formule fait figurer le nom du préposé dans l'*intentio*, elle présente quelquefois cette anomalie, de faire figurer dans la formule une personne, qui n'est pas obligée d'après les règles du droit civil, ce qui arrive toutes les fois qu'il s'agit d'un esclave préposé à la tête de l'entreprise, ou bien encore dans le cas où l'*institor* est déjà décédé à l'époque de l'introduction de l'action.

Il y a là un inconvénient très grave, car le préposé se trouve ne rien devoir d'après le droit civil, donc il ne peut pas figurer dans l'*intentio* comme débiteur, et en conséquence on ne voit pas comment il pourrait servir de point d'appui, pour permettre aux tiers de demander au juge de condamner, par le moyen de cette formule, le préposant pour les contrats d'un préposé qui, d'après les règles du droit civil, n'a pas pu s'obliger.

En tenant compte de ces justes critiques Rudorf a proposé une autre formule, qui paraît répondre mieux aux circonstances, et par conséquent se rapprocher plus de la vérité.

Elle laisse plus de liberté d'allure au juge et est rédigée de la manière suivante : « *Si Stichus magister illius navis liber esset, tum si paret eum A° A° ejus rei nomine, cujus ibi præpositus fuit X millia dare oportere, judex N^um N^um A° A° X millia condemna* ».

Jusqu'à ces dernières années cette formule fut admise sans difficulté, en tant que type du moins, par tout le monde ; mais dernièrement un auteur allemand Mandry a proposé une explication, tout à fait différente de celle de Keller sur le moyen employé par le préteur, pour accorder aux tiers cette action.

N'ayant pas l'avantage de pouvoir recourir aux sources mêmes de cette nouvelle théorie, nous serons forcés de nous servir, dans notre travail, du seul exposé qu'en a fait M. Chotard dans sa thèse.

Voici en quoi consisterait, d'après M. Chotard, cette théorie.

D'abord Mandry commence par mettre en relief tous les inconvénients qui résultent de la formule de notre action telle qu'elle est rédigée par Keller. Il s'attache surtout à montrer combien il est bizarre de trouver dans l'*intentio* de cette formule le nom de personnes qui, d'après le droit civil, sont dans l'impossibilité de s'obliger valablement.

Ainsi, dit-il, voici un fils de famille qui est le préposé d'un tiers et qui, pour les besoins de son exploitation, contracte avec son *paterfamilias*, ou bien un pupille *institor* qui contracte *sine tutoris auctoritate;* comment, dans ces cas, demander au juge de faire passer sur la tête du préposant, des obligations qui n'ont pas pu valablement prendre naissance dans la personne du préposé ?

En outre, s'il s'agit d'un esclave préposé à l'exploitation, il faudra recourir à une fiction, pour pouvoir le considérer comme capable de s'obliger, et comme tel le faire figurer dans l'*intentio;* car la formule de Keller ne s'applique qu'au préposé *sui juris* ou fils de famille.

De là, Mandry conclut que la formule de Keller n'est pas celle que le préteur a dû employer, et que le moyen employé pour accorder notre action consisterait, d'après lui, dans une fiction grâce à laquelle la présence du nom du maître poursuivi, deviendrait possible dans l'*intentio* et non plus seulement dans la *condemnatio*, et cela malgré sa non-présence sur les lieux au moment où le contrat a été passé.

Cette fiction reviendrait donc à « regarder l'affaire du préposé contractant, comme étant l'affaire du maître [1] ».

Mais en disant cela, on ne s'aperçoit pas, qu'ainsi présentée l'innovation du préteur va directement à l'encontre de cette règle sévère du droit civil, que jamais un acte juridique ne peut être réputé l'œuvre de personnes, qui n'y ont pas figuré.

Après avoir exposé sa théorie, Mandry cherche à indiquer une formule qui puisse répondre à toutes les exigences qui, « s'adaptant, dit Mandry, aussi bien au commerce des esclaves que celui des enfants, s'appliquât, après la mort des contractants, comme pendant leur vie, et au surplus présentât moins d'obstacles à l'exercice du recours en vertu des divers fondements, des actions adjectices, que la conception de la formule basée sur les obligations civiles des contractants [2] ».

1. M. Chotard, *Thèse de Doctorat*, 1887. p. 107.
2. M. Chotard. *op. cit.* p. 107.

Mandry croit avoir trouvé les règles de cette formule, et il dit qu'elle sera conçue *in factum*, même au cas où l'action directe son analogue serait conçue *in jus*; de cette façon on se trouve avoir évité tous les inconvénients propres à une formule conçue *in jus*.

Mais est-ce un oubli de M. Chotard, est-ce un oubli de Mandry lui-même, nous ne trouvons pas de formule donnée pour notre action; on se borne à nous dire qu'il y a plus de bonnes raisons, en faveur de cette manière de concevoir la formule et le procédé employé par le préteur, qu'en faveur de celle imaginée par Keller.

Il est vrai que M. Chotard nous dit plus loin, qu'un autre auteur allemand Baron, qui adopte l'opinion de Mandry donne la formule suivante pour notre action, formule qui est pourtant conçue *in jus*: « *Quod* A^{us} A^{us} *de Lucio Titio magistro ejus navis quam* N^{us} N^{us} *exercebat*, *ejus rei causa in quam L. Titius ibi præpositus fuit*, *incertum stipulatus est*, *qua de re agitur*, *quidquid ob eam rem* N^{um} N^{um} A^{o} A^{o} *præstare oportet*, *ejus* N^{um} N^{um} A^{o} A^{o} *condemna*, *si non paret absolve* ».

C'est une formule rédigée pour l'action *exercitoria*, il n'y a qu'à l'appliquer à l'action *institutoria*, *mutatis mutandis*, en outre elle présente ceci de particulier, que tout en étant conçue *in jus* son *intentio* ne contient pas le nom du préposé.

Nous avons ainsi terminé le résumé le plus consciencieux que nous avons pu faire, de la théorie de Mandry exposé par M. Chotard.

Il faut nous demander maintenant, quelle est la valeur de cette nouvelle théorie, et d'abord sur quelles bases elle est constituée.

Sur quelles raisons peut-on se fonder pour repousser la formule de Keller et de Rudorf ?

Les seules raisons données, nous l'avons vu sont tirées des inconvénients que présente la formule de Keller, toutes les fois que l'*institor* n'a pas pu s'obliger valablement d'après le droit civil.

Mais nous avons déjà dit que, pour obvier à ces inconvénients, Rudorf en a construit une autre, qui les évite. Alors on insiste en disant que, dans le système de Keller, on est obligé à chaque pas de faire appel à une fiction ; ainsi s'il s'agit d'un *institor* déjà décédé, il faudra ajouter : *tum si heredem ejus oporteret*, si enfin il s'agit d'un esclave, il faudra ajouter *si liber esset;* et pourtant dit-on il est fort peu probable, que le préteur ait introduit ces fictions, indispensables toutes les fois que l'*institor* n'est pas obligé d'après le droit civil, ce qui était par le fait le cas dans lequel cette action était plus nécessaire, et pour lequel il est raisonnable d'admettre, que le préteur l'a introduite en premier lieu.

En effet, c'est lorsque l'*institor* est un esclave, ce qui fut le cas général à l'origine, que le tiers se trouve dépourvu de toute action, l'esclave ne pouvant pas s'obliger civilement.

Nous ne contestons pas que la première application probable de l'action *institoria* a dû être faite au cas où il s'agissait d'un *institor* esclave, mais en quoi cela peut battre en brèche la théorie de Keller?

Qu'on ait besoin de recourir à des fictions, c'est à-dire de considérer l'esclave comme homme libre, il n'y a pas là quelque chose qui paraisse exhorbitant, car des fictions de ce genre, on les voit souvent intervenir dans le droit romain.

Mandry soutient en outre que la formule de notre action sera conçue *in factum*, ce qui évite, dit-il, les inconvénients d'une formule *in jus*.

On sait en effet que par la formule *in factum* le préteur expose tout simplement un fait, et donne ordre au juge de condamner s'il trouve que le fait est tel que le demandeur l'a allégué, tandis que par la formule *in jus* le préteur pose une question de droit au juge, qui d'après son appréciation condamme ou absout.

Cette distinction entre les formules conçues *in jus* et les formules conçues *in factum* a une grande importance à un point de vue que nous ne voulons pas passer sous silence, parce qu'il nous fournit un nouvel argument contre la théorie de Mandry.

Nous voulons parler de l'effet de la *litis contestatio*

qui diffère suivant que la formule est conçue *in jus* ou *in factum ;* en effet dans le premier cas l'extinction du droit antérieur s'opère *ipso jure* dans le second *per exceptionem* seulement.

A première vue on est tenté de demander quel intérêt y a-t-il à savoir si cette extinction opère *ipso jure* ou *per exceptionem*, car la règle est toujours la même, c'est-à-dire qu'un même droit ne peut pas servir de cause à deux actions successives.

Cet intérêt est pourtant réel.

Il tient à la manière dont le défendeur devra se prendre pour repousser une nouvelle demande.

Ce sera tantôt un moyen qu'il pourra produire pour la première fois devant le juge, tantôt une exception qui devra être inscrite dans la formule à peine de déchéance.

Cette diversité des effets de la *litis contestatio* s'explique aisément quand on tient compte de l'esprit juridique des Romains qui font dominer la forme sur le fond.

Ainsi étant donnée une formule *in factum*, ils prennent pour point de départ que la *deductio in judicium* ne porte pas ici sur un droit mais sur un fait, et alors ils sont obligés d'appliquer cette idée très juste en elle-même que les droits peuvent s'éteindre, mais que les simples faits accomplis ne s'effacent point.

Donc si la formule est *in jus* la *litis contestatio* éteint immédiatement tout droit antérieur et le transforme en un droit de créance, mais s'il s'agit d'une formule *in factum* cet effet ne se produira plus avec la même force, le droit qui découle du fait exposé dans la formule survit à la *litis contestatio*, mais le défendeur peut le repousser par une exception.

Revenant à nos actions, nous rappellerons que tous les textes nous disent qu'une fois l'une d'elles introduite en justice l'autre s'éteint immédiatement.

Il y a là il nous semble un argument qui prouve que notre action était conçue *in jus*, comme celle qui découlait directement du contrat, contre le préposé.

Il y a en outre un argument, auquel les partisans de la théorie adverse n'ont rien répondu, c'est à cet argument qui découle de l'esprit même dont le préteur s'est toujours inspiré, dans les modifications qu'il a apportées aux règles du droit civil.

Nous avons dit déjà combien il était respectueux pour les principes établis, qui, pareils aux fondements d'un édifice, soutenaient les institutions civiles et politiques Eh bien, ici nous nous trouvons en face d'une modification, il s'agit de nous rendre compte, de quelle façon et par quelle voie elle a été effectuée ; or il nous semble que tout, dans le droit introduit par le préteur, nous conseille de soutenir qu'il a dû prendre la voie la plus simple, celle qui pouvait produire les meilleurs effets, sans mettre la nouvelle innovation en guerre ouverte avec les principes reçus, voie qui pouvait au besoin se réclamer d'analogies parmi les actions existantes déjà.

Si on admet cette fiction de Mandry, par laquelle on arrive à regarder l'affaire du préposé contractant comme l'affaire du maître, et malgré sa non-participation au contrat, faire produire tous les effets en sa faveur ou contre lui ; n'est-ce pas dire au fond que l'ancienne règle de la non-représentation est supprimée ?

Et dans ce cas, pourquoi les jurisconsultes se seraient-ils donné la peine d'introduire graduellement des règles qui permettent peu à peu d'effacer les inconvénients de la règle de la non-représentation ?

Car si le préteur a anéanti d'un trait de plume la règle de la non-représentation, en délivrant la formule de notre action, il n'a pas pu faire cela pour un cas spécial, mais pour tous les cas où une personne charge une autre de la représenter.

Alors quelle signification donner aux innovations de Papinien et d'Ulpien ?

A toutes ces questions on ne peut rien répondre ; et c'est pour cela que nous ne pouvons pas admettre cette théorie. Pour nous, le préteur, en accordant notre action, a couru au plus pressé et par conséquent n'a changé à la formule, telle qu'elle résultait du contrat qui avait donné naissance à l'obligation du préposé, que l'absolu nécessaire pour pouvoir la diriger contre le préposant.

Or pour cela le plus simple était de donner ordre au juge de porter son examen sur l'obligation contractée par l'*institor*, et en cas qu'il estimerait qu'elle existe réellement, reporter la condamnation sur la tête du véritable maître de l'affaire, le préposant.

En Allemagne même, nous dit M. Chotard, les plus récents travaux semblent revenir à la rédaction proposée par Keller ; ainsi Otto Lenel, dans son travail de reconstitution de l'*Edictum perpetuum*, arrive à cette conclusion qu'il vaut mieux s'en tenir à l'explication donnée par Keller.

Faute donc d'arguments puissants en faveur de cette nouvelle théorie, nous estimons qu'il est plus sage de nous ranger du côté de l'ancien système, qui, outre l'avantage qu'il présente de rentrer complètement dans l'esprit des innovations du préteur, et de cadrer parfaitement avec le caractère que nous avons assigné à notre action, jette encore une nouvelle et vive lumière sur cette action, et nous permet de mieux préciser sa nature.

Ainsi, nous avons dit que le tiers qui a traité avec l'*institor*, et en faveur duquel est intervenu le préteur, pour créer l'action *institoria*, n'a qu'un choix entre les deux actions existantes ; il n'y a pas là deux débiteurs tenus simultanément de la même obligation, il y a simplement une seule obligation, un seul lien de droit entre le tiers et l'*institor*, mais par faveur du préteur, et en considération des raisons que nous avons indiquées, le tiers pourra s'adresser, s'il aime mieux, à celui qui est le principal intéressé dans l'affaire.

Et ce qui prouve une fois de plus cette unité d'obligation avec le choix de la personne contre laquelle on pourra diriger l'action, c'est la formule de notre action.

Nous avons vu, en effet, que l'*intentio* de l'action *institoria* est identiquement la même que l'*intentio* de la formule de l'action dirigée directement contre le préposé et résultant du contrat par lui passé.

Cette identité des deux formules est une preuve de plus et une preuve matérielle, si l'on peut s'exprimer ainsi, de l'unité de l'obligation, car c'est dans l'*intentio* d'une formule, qu'il faut chercher les éléments constitutifs d'une action.

CHAPITRE II

Comparaison avec la corréalité.

Maintenant revenons un peu au caractère que nous avons assigné à notre action, et cherchons à déterterminer les rapports qu'il peut y avoir entre ces deux personnes, le préposant et le préposé, en face des deux actions qui sont suspendues sur leurs têtes.

Ainsi Ulpien en parlant de l'action donnée contre le préposant, et la comparant à cette autre action de droit commun donnée contre le préposé, qui ne cesse d'exister par le fait seul de la création de la première nous dit : « *Et ideo si cum utro eorum actum est; cum altero agi non potest : sed si quid sit solutum, si quidem a magistro, ipso jure minuetur obligatio; sed et si ab exercitore, sive suo nomine, id est propter honorariam obligationem, sive magistri nomine solverit, minuetur obligatio : quoniam et alius pro me solvendo me liberat* » (L. I, § 24. D. L. XIV, t. 1).

Ce texte débute par nous dire que le tiers ne pourra

que faire un choix entre les deux personnes qu'il peut atteindre pour l'obligation du préposé ; mais par la suite exposant ce qu'il arriverait si l'une d'elles effectue le paiement, il parle d'une obligation honoraire dont serait tenu le préposant.

On s'est demandé alors, s'il n'y avait pas dans notre cas deux obligations distinctes, si cette obligation honoraire ne pesait directement sur le préposant, et dont il serait tenu en son propre nom.

Si cela était vrai, nous aurions fait erreur en disant qu'il n'y a là qu'une seule obligation celle du préposé, mais que le préteur pour des raisons d'équité, permet qu'elle serve de source à une action dirigée contre le préposant.

Voici comment on peut expliquer ces mots *honorariam obligationem*, qui se trouvent dans ce texte ; d'abord en regardant la place où ils se trouvent, on s'aperçoit que le jurisconsulte ne les emploie qu'à l'occasion de la comparaison qu'il fait, entre le paiement fait par l'une des deux personnes qui pouvaient être poursuivies, et celui fait par un tiers étranger au contrat, et pour montrer l'origine prétorienne de l'action sans donner à ces mots une plus grande importance ; ensuite notre texte même nous dit tout à fait au commencement : « *Hæc actio ex persona magistri, in exercitorem dabitur* », c'est là le véritable caractère, la véritable raison d'être de l'obligation du préposant.

C'est parce que le préposé s'est obligé, c'est de sa

personne que l'obligation et avec elle l'action passe sur la personne du préposant.

Vinnius, sous le § 24, interprète ainsi ce texte, et du reste cette interprétation est seule conforme aux nécessités qui ont fait naître notre action, autrement il faudrait dire qu'il y a là deux obligations et deux débiteurs principaux, ce qui est impossible à admettre ; et si l'on ne peut qualifier d'accessoire l'obligation du préposant, parce que le mot accessoire ne dépeindrait pas très bien la manière d'être de cette obligation ; il n'est pas moins vrai qu'il n'y a ni deux obligations ni deux débiteurs principaux.

Ulpien, lui-même, dans le texte que nous analysons nous dit : « *si cum utro eorum actum est cum altero agi non potest* ».

Mais, dit-on alors, cela n'empêche pas qu'il y ait là un rapport de droit entre le tiers et les deux personnes qui peuvent être tenues de cette obligation et un autre rapport entre ces deux personnes ; et que ces liens de droit ne sont pas particuliers à cette matière, mais ils sont communs à toute une catégorie d'obligations, dont les effets sont précisément ceux qu'on constate ici. C'est, on le devine, de la corréalité qu'on veut parler.

Pour étudier ces rapports, supposons que le préposant ou le préposé a été poursuivi par le tiers, ou que l'un d'eux a payé la dette, et voyons ce qui va arriver.

Avant d'étudier les effets que pourrait produire un acte fait par l'une de ces deux personnes, qui se trouvent dans des liens de droit produits par la superposition de l'action prétorienne sur l'action du droit civil, il nous faut exposer rapidement les théories qui ont été bâties sur ces liens, pour expliquer les effets qu'on voyait se produire.

Voici comment M. Demangeat envisage les rapports existants entre le préposant et le préposé : « Il nous reste, dit-il, à voir si les actions dites *adjectitiæ qualitatis*, ne nous fourniront pas encore d'obligations corréales ou solidaires. Toutes les fois qu'un homme libre a été préposé en qualité d'*institor*, s'il s'est obligé dans l'exercice de ses fonctions, le tiers créancier a véritablement deux débiteurs solidaires dans la personne du préposant (tenu de l'action *institoria*) et dans celle du préposé (tenu de l'action directe)[1] ».

M. Van Wetter, qui partage l'opinion de M. Demangeat, nous dit : « De plus le mandant et le mandataire sont de plein droit tenus solidairement envers les tiers, toutes les fois qu'à raison des engagements du mandataire, les tiers ont contre le mandant les actions *exercitoria* ou *institoria*[2] ».

Avant d'aborder la discussion de cette théorie voyons quel peut être l'intérêt de la question en litige.

En procédant de la sorte nous mettrons en lumière

1. M. Demangeat. *Obligations solidaires*, p. 181.

2. M. Van Wetter. *Les obligations en droit Romain*, t. I, p. 266.

l'importance de la controverse et en même temps nous ferons connaître les conséquences qui découlent suivant que l'on admet qu'il y a ou non de lien de corréalité entre le préposant et le préposé.

A nos yeux il y a un double intérêt à trancher cette question dans un sens ou dans l'autre.

D'abord, et c'est là une remarque très importante au point de vue pratique, de la solution de notre controverse dépend la question de savoir si après Justinien il fut permis de poursuivre le préposant et le préposé successivement.

En effet nous savons que Justinien supprima l'effet extinctif de la *litis contestatio* dans la corréalité passive, alors si on admet que dans notre cas il y a un lien de corréalité, on est bien obligé de soutenir qu'après l'innovation de Justinien les tiers créanciers du préposé purent poursuivre successivement le préposant et le préposé jusqu'à parfait paiement.

Ensuite, second intérêt de la question, si l'on admet qu'il y a là corréalité on est forcément conduit à admettre qu'il y a dans notre cas deux débiteurs principaux, tenus au même titre ; car la corréalité implique nécessairement d'après, l'opinion généralement adoptée, pluralité des liens principaux au point de vue passif et actif.

Et au contraire les conséquences seront diamétralement opposées si l'on admet qu'il n'y a pas dans notre hypothèse de lien de corréalité entre le préposant et le préposé.

Ayant montré l'intérêt de la controverse, revenons à notre question et demandons-nous d'abord quelles sont les raisons, qui d'après ces auteurs prouvent qu'il y a là un cas de corréalité?

Les seuls arguments qu'on puisse donner en faveur de cette opinion sont puisés dans les quelques analogies qu'on trouve entre notre hypothèse et la corréalité, analogies que Savigny résume d'une manière très précise et qui à première vue peuvent faire croire à la corréalité.

Ces analogies se font remarquer, en cas de paiement effectué par l'une des deux personnes qui peuvent être actionnées, ou en cas de poursuites dirigées contre l'une d'elles, par les effets qui se produisent dans ces cas. Ainsi d'abord pour ce qui regarde la nature même de ces actions, nous trouvons que le créancier a en face de lui deux personnes, dont chacune peut être actionnée par lui, à son choix, pour l'exécution de l'obligation.

Il y a là nous dit-on, un des caractères distinctifs de la corréalité, l'identité d'objet; et d'après nos développements antérieurs on a vu qu'une règle analogue se dégageait des principes sur les rapports entre *l'institor* et son maître d'une part, et *l'institor* et le tiers avec lequel il avait contracté de l'autre part.

C'est en effet la même et l'unique obligation du préposé, avons nous dit, qui donne naissance à l'obligation du préposant, c'est cette même obligation qui, née dans la personne du préposé qu'elle continue à menacer, va atteindre le préposant ; tout cela se trouve dans le texte précité. « *Hæc actio ex persona magistri in exercitorem dabitur.* »

A ce point de vue donc analogie parfaite avec la corréalité, l'unité de l'objet de l'obligation existe dans notre cas : l'une ou l'autre des deux personnes ne peuvent être atteintes, qu'en vertu du même titre, même source de l'obligation, le fait du préposé.

Ensuite en dehors de cette identité de l'objet de l'obligation, il y a d'autres analogies avec ce qu'on rencontre en matière de corréalité ; ces autres analogies qui à vrai dire, ajoute-t-on, constituent des conséquences qui découlent naturellement de cette première donnée, unité d'obligation, sont les suivantes:

1) Le paiement intégral effectué une fois par l'une des deux personnes qui peuvent en être tenues, éteint la dette entière et par conséquent libère l'autre.

Cette extinction de la dette est expliquée par l'unité de l'obligation, car du moment qu'une seule chose était due, et qu'elle a été prestée, il n'y a plus de raison que l'obligation du second subsiste.

2) Maintenant si nous supposons que le tiers n'a pas été payé, et qu'il s'est vu dans la nécessité d'in-

tenter une action contre l'une ou l'autre des deux personnes qu'il peut poursuivre, voyons ce qu'il va arriver. Il en ressort dit-on une nouvelle preuve, qu'il y a là un lien de corréalité entre le préposant et le préposé.

Voici comment Savigny s'exprime en parlant de cette analogie : « Il nous faut encore faire un pas de plus et mettre en évidence une autre analogie ; quand dans l'une ou l'autre des deux actions susceptibles d'être intentées ici, la *litis contestatio* était intervenue, les deux actions étaient complètement anéanties par la consommation résultant de cet acte de procédure, quelque fut l'issue du procès » [1].

On voit qu'il s'agit ici d'une analogie résultant de la procédure, et comme les formules des deux actions sont identiques, et que la seule différence se trouve dans la *condemnatio*, où le nom du préposant apparaît dans l'action prétorienne, il en résultait qu'une fois l'action engagée avec l'un des deux le préposant ou le préposé, l'autre était libéré.

C'est là encore dit-on un des effets de la corréalité, qui supposant l'unité de l'objet de l'obligation, entraîne forcément par le jeu des règles de la *litis contestatio*, libération de celui des deux contre lequel le tiers n'a pas agi.

3) Enfin signalons une autre analogie qui paraît être

1. Savigny. *Droit des obligations*, § 21.

de nature, dit-on, à enlever tout doute, sur le lien de corréalité entre les deux personnes passibles de ces actions. Il s'agit ici du choix que le tiers peut exercer entre les actions à intenter ; en effet nous avons déjà dit qu'il a toute liberté de s'adresser à celle des deux personnes qu'il lui plaît de poursuivre, donc dit-on on trouve là, à côté de l'unité de l'obligation, un autre élément qui constitue la corréalité, la pluralité des liens, pluralité qui ressort du texte même d'Ulpien qui nous dit : *Est autem nobis electio, utrum exercitorem an magistrum convenire velimus* (L. 1, § 17, D. L. XIV, t. I).

Nous avons fini ainsi l'exposé des analogies constatées entre la corréalité et les effets découlant de la coexistance des deux actions produites par l'obligation du préposé ; analogies qui ont servi de fondement à cette théorie, qui prétend voir là un nouveau cas de corréalité.

Avant d'entrer dans la discussion de ces analogies et de cette théorie, il nous faut dire deux mots de la corréalité ; le cadre de notre travail et aussi la difficulté de la matière de la corréalité, dont les bases mêmes paraissent remises en discussion, ne nous permettent d'entrer dans des longs développements ; nous n'en dirons donc que quelques mots, qui sont absolument nécessaires pour voir si dans notre matière il y a vraiment un cas de corréalité, ou bien plutôt quelques analogies seulement, qui résultent de la création même de l'action prétorienne, et le jeu naturel de la procédure romaine.

On reconnaît généralement que les deux caractères essentiels de la corréalité sont : unité de l'obligation et pluralité de liens principaux ; en parlant de l'unité de l'obligation, M. Accarias dit : « à ce point de vue on peut dire que, quelque soit le nombre des contractants, il ne se forme jamais plus d'une obligation [1] », et en envisageant la corréalité au point de vue de la pluralité des liens il dit : « on sera dans le vrai, si on la considère comme contenant autant d'obligations distinctes qu'il y a de stipulants ou de promettants ».

Armé de ces deux règles, qui constituent le criterium de la corréalité, nous allons rechercher si ce que nous voyons dans notre cas est pareil aux effets produits par la corréalité.

Voyons si nous trouvons unité d'obligation et pluralité des liens principaux, et si les effets de l'existence simultanée de ces deux actions, ne peuvent être autrement expliqués que par l'intervention des principes de la corréalité.

Quant à l'unité de l'objet de l'obligation nous avons reconnu que la force des choses fait qu'elle existe, nous avons dit et les textes le prouvent, que le préposant ne pouvant être atteint par aucune action d'après le droit civil, le préteur pour le soumettre à un recours, transfère de la personne du préposé l'action

1. M. Accarias, *op. cit.*, t. II, p. 320.

dans la personne du préposant ; c'est donc la même obligation avec le même objet, qui se trouve être sanctionnée par l'action *institoria*.

Mais l'unité de l'objet de l'obligation reconnue comme une conséquence forcée de la coexistence même de nos deux actions, en est-il de même de la pluralité des liens et pluralité de liens principaux? C'est ce que nous ne pouvons pas admettre, nulle part dans les textes il n'y a pas de trace de cette pluralité des liens principaux, de cette pluralité de débiteurs tenus simultanément ; tout dans notre action depuis son caractère tel que nous l'avons établi, jusqu'à la manière d'agir du préteur s'oppose à admettre cette pluralité de liens principaux ; jamais dans le droit romain, dit Savigny, on n'a considéré *l'exercitor* comme tenu au même titre, que le *magister navis*, et quand les jurisconsultes nous montrent l'action passant de la tête du préposé sur la tête du préposant, ils nous disent implicitement que ce dernier n'était pas considéré comme tenu directement et principalement de l'obligation contractée par le préposé.

Si le préteur avait voulu arriver à ce résultat, c'est-à-dire de considérer le préposant comme principalement et directement obligé, il aurait pu le faire, il aurait dit tout simplement ceci : je trouve que le préposant est au fond celui qui en toute justice doit être tenu de cette action, dont il est le seul à bénéficier ; donc je remplace l'action que le droit civil donne contre le préposé par une autre dirigée contre le préposant, et du même coup il aurait supprimé la première.

Sans nous arrêter autrement sur ce que cette innovation aurait présenté d'inexplicable en face du principe de la non-représentation, nous nous demanderons est-ce là la voie que le préteur a suivie ? Tous les textes nous disent que non, que fidèle à ses habitudes, il a laissé subsister la première action, et qu'il s'est contenté de permettre aux tiers pour le cas où ils exprimeraient le désir, de diriger l'action née contre la personne du préposé contre le préposant.

Mais comme nous avons constaté des réelles analogies avec la corréalité, il faut expliquer comment elles se produisent.

Reprenons un à un les effets que les partisans de la corréalité, font découler de ce prétendu lien de corréalité passive entre le préposé et le préposant, et voyons s'il n'y a pas d'autre moyen, bien plus simple et plus conforme au fait même de la superposition de ces deux actions, qui puisse expliquer ces effets.

1) La première hypothèse est, nous le savons, celle du paiement fait par l'une ou par l'autre des deux personnes que le tiers pouvait poursuivre ; ce paiement. nous avons vu, a pour effet d'éteindre l'obligation et par conséquent libérer l'autre.

C'est là a-t-on dit un effet de la corréalité, c'est-à-dire un effet produit par l'unité de l'obligation et la pluralité des liens. En ce qui concerne l'unité de l'objet de l'obligation, nous avons expliqué pourquoi elle se trouve exister là, et pourquoi elle n'implique nullement une idée de corréalité ; quant à la pluralité des liens, on dit que si le préposant n'était pas tenu directement et en même temps que le préposé de cette obligation, comment se fait-il alors que le paiement effectué par lui, puisse libérer le preposé ?

L'explication de cette apparente pluralité de débiteurs est très simple, et du reste les textes mêmes nous la fournissent. Ulpien nous dit en effet dans un texte déjà rapporté : « *sed et si ab exercitore, sive suo nomine, id est, propter honorariam obligationem, sive magistri nomine solverit, minuetur obligatio : quoniam et alius pro me solvendo me liberat.* » L. 1, § 24, D. L. XIV, t. 1).

Donc un tiers, même complètement étranger au contrat passé par le préposé et ne se trouvant dans aucun lien de droit avec lui, peut éteindre sa dette s'il fait le paiement avec cette intention.

Il n'y a donc nullement besoin de considérer le préposant comme tenu directement et à titre égal avec le préposé, pour expliquer comment le paiement fait par lui, de la dette contractée par ce dernier les libère tous les deux, puisque le paiement fait par un tiers absolument étranger au préposé, aurait pu produire un effet tout à fait identique.

Donc si en fait le préposant paye ce que doit le préposé, ce n'est pas parce qu'il le doit, mais parce qu'il sait que le préteur peut diriger l'action résultant du contrat contre lui.

2) La seconde hypothèse est celle d'un tiers, qui, ayant contracté avec le préposé, se voit dans la nécessité d'intenter une action, pour exiger l'exécution des clauses du contrat. Alors il arrive que sitôt que l'action est dirigée contre l'une des deux personnes que ce tiers peut poursuivre, l'autre est libérée et ne peut plus être poursuivie, quel que soit d'ailleurs le résultat du procès.

Donc dit-on, il y a là encore un effet de la corréalité qui seule produit des pareils résultats.

Voici comment nous expliquons ce fait. Il est pour nous le simple effet de la *litis contestatio* et de l'unité de l'objet de l'obligation dans ces deux actions, dont peuvent être tenus le préposant et le préposé.

En effet la *litis contestatio* une fois intervenue, anéantit complètement non pas seulement l'action qui avait été exercée, mais les deux actions.

Pour ce qui concerne l'action qui avait été intentée, elle n'existe plus après l'intervention de la *litis contestatio* ; « c'est là incontestablement, dit M. Accarias, l'effet le plus original et par conséquent le moins naturel de la *litis contestatio*[1]. » Cet effet consiste à transformer complètement le droit déduit en justice, à

1. M. Accarias, *op. cit.* t. II, p. 884.

éteindre le droit antérieur, celui que les parties prétendaient avoir, et le changer en un droit nouveau, c'est-à-dire en une créance qui résultera de la sentence du juge.

La première action, celle qui a été intentée, est donc complètement anéantie du moment que la *litis contestatio* est intervenue; quant à l'autre action elle se trouve aussi éteinte du même coup et voici pourquoi.

Nous avons vu que les formules des deux actions dont dispose le tiers, l'action *institoria* et celle résultant du contrat passé par le préposé, ont une *intentio* identique ; c'est-à-dire que l'objet de la demande est le même, que le nom de l'*institor* se trouve dans l'une et dans l'autre, qu'enfin la seule différence qu'il y a entre elles, se trouve dans la *condemnatio* où le nom du préposant apparaît dans l'action prétorienne.

Alors l'une des deux actions étant introduite en justice, l'autre ne peut plus servir, car la personne poursuivie pourrait opposer la règle *res in judicium deducta* ou celle de la *res judicata*.

Le motif de cette extinction des deux actions est donc un motif purement accidentel, et qui tient à l'unité de l'objet de l'obligation, pour laquelle le tiers avait un choix à exercer quant à la personne à poursuivre ; ainsi sitôt que le tiers est payé, ou sitôt que cette action est introduite en justice, l'autre n'avait plus de raison d'être, par conséquent on n'a plus besoin d'invoquer la corréalité pour expliquer cet effet, car il est le résultat naturel de la *litis contestatio*.

3) Le choix que le tiers a entre la personne du préposant et du préposé, prouve encore dit-on, qu'il y a là corréalité.

Nous avons dit que c'est justement l'absence de deux liens principaux de débiteur à créancier, entre le préposé et le tiers d'une part et le préposant et le tiers de l'autre part, qui nous empêche de croire à cette corréalité; nous avons dit que d'après nous il n'y a pas là deux débiteurs principaux et à titre égal, ce qui est la règle en matière de corréalité.

Dans notre hypothèse nous ne pouvons pas admettre cette pluralité de liens de droit; c'est le préposé qui a contracté c'est lui qui s'est engagé, c'est lui qui doit répondre en premier lieu et d'après le droit civil des obligations résultant du contrat.

Que le préteur soit intervenu pour accorder une action contre le preposant, basée sur le même fait du préposé, c'est fort juste, mais on ne peut pas considérer le préposant comme un second débiteur tenu de la même sorte que le préposé; il pourra bien être obligé de supporter l'action dirigée contre lui, mais ce n'est pas parce qu'il est considéré comme débiteur du tiers, mais parce que par le fait de la *præpositio*, il a recommandé son préposé à la confiance publique.

Nous disons donc simplement ceci: il y a une seule obligation, celle résultant du contrat passé par le préposé, mais au moment où le tiers va demander au magistrat la formule, il peut faire diriger cette action contre la personne du préposant, avec la qualification d'*institoria* pour la circonstance, action qui conserve le caractère qu'elle avait auparavant, et reste telle qu'elle existait contre la personne du préposé.

Du reste, même si l'on admet qu'il y a là des analogies indiscutables avec la corréalité, il n'est pas moins vrai, comme le dit M. Gérardin, que « cette solidarité n'est pas basée sur le même principe que la solidarité véritable; c'est une solidarité de rencontre, conséquence de la juxtaposition du droit civil et du droit prétorien, nulle part je crois, dit-il, les débiteurs dont il s'agit ne sont qualifiés *rei promittendi* » [1].

Savigny, après avoir mis en lumière les points de comparaison entre l'obligation corréale et nos deux actions, finit par conclure en disant qu'il n'y a pas analogie complète, et que dans cette hypothèse on se trouve en présence d'un cas de corréalité imparfaite.

Voici plutôt comment il faut envisager les choses d'après lui, d'abord à bien raisonner il y a une très grande différence entre la manière dont est tenu l'*institor*, et celle dont est tenu le préposant.

Le premier est en réalité le véritable le seul obligé, le second peut très bien le libérer par un paiement effectué, mais c'est là une faculté que tout tiers étranger à l'*institor* peut exercer.

1. M. Gérardin: *Etude sur la solidarité*, p. 37.

Ensuite dit-il, si le créancier fait remise de la dette à l'*institor* par acceptilation, il n'y aura plus de dette qui pût être poursuivie contre le préposant par l'action *institoria*, et s'il est intervenu une novation le même effet se produira.

« Mais il faut bien se garder de renverser toutes ces propositions », ainsi une novation faite par le tiers avec le préposant, ne libérerait l'*institor* qu'en tant qu'il serait possible de la considérer comme un véritable équivalent du paiement ; donc si elle ne fait que jouer le rôle d'une simple formalité pareille à l'acceptilation, elle ne produit aucun effet à l'égard de l'*institor*, et cela pour cette raison très simple, que le préposant n'est pas le véritable débiteur.

Une acceptilation faite au préposant aurait été un non-sens, toujours pour cette raison que celui-ci n'est pas à proprement parler débiteur.

Donc tous ces modes d'extinctions assimilés au paiement dans les obligations corréales, cessent de produire ici leurs effets.

Nous concluons donc de là, que malgré des analogies réelles, et qui d'ailleurs s'expliquent aisément par le fait de la superposition de l'action prétorienne, sur l'action résultant directement du contrat passé par le préposé et donné par le droit civil, il n'y a pas de lien de corréalité entre le préposant et le préposé ; et que le préteur, en instituant ce dernier recours d'une nature spéciale en faveur des tiers, n'a eu en vue que l'équité et n'a eu garde de penser à le rattacher à une théorie quelconque.

Pour dire toute notre pensée, nous estimons que toute cette innovation du préteur tient au fond simplement et uniquement à une modification de formule. Auparavant on ne pouvait diriger l'action résultant des contrats passés par le préposé que contre lui-même, le préteur fit une seule chose, il accommoda la formule de façon qu'elle puisse être dirigée même contre le préposant : et en disant cela nous ne croyons pas diminuer la portée pratique et l'influence qu'a eue notre action sur les idées des Romains en matière de représentation.

TROISIÈME PARTIE

Effets de l'action *institoria*

Nous voici arrivés au point le plus important de notre travail, car si notre action a été beaucoup étudiée, ce n'est que grâce à l'influence qu'elle a eue sur une règle ancienne du droit romain, le principe de la non-représentation.

Nous avons vu en effet que la règle très ancienne était qu'on ne pouvait se trouver obligé ou acquérir une créance, si l'on n'avait pas été partie au contrat, c'est-à-dire présent à l'endroit où il a été passé ; en d'autres termes un acte juridique ne pouvait être considéré l'œuvre d'une personne qui n'y avait pas figuré, et aucun des effets que ce contrat était capable d'engendrer, ne pouvait prendre naissance en faveur ou contre la personne qui n'y avait pas été présente.

C'est là une règle des plus anciennes, et ce fut longtemps une des plus absolues chez les Romains ;

ils ignoraient donc le principe de la représentation, telle que nous l'entendons de nos jours.

Les besoins courants de la vie les avaient bien forcés à admettre qu'une personne pourra charger une autre de gérer une ou plusieurs de ses affaires pendant une maladie ou une absence, mais les effets produits par cette gestion, et c'est là le côté original du mandat romain, s'arrêtaient sur la personne du mandataire.

C'est lui et lui seul qui est passivement et activement tenu des obligations et créances qui peuvent naître des contrats passés par lui, pour l'accomplissement du mandat dont il a été chargé.

Et dans cette règle on trouve l'explication de ce devoir qui incombe au mandataire romain, devoir que nous ne connaissons pas en droit moderne, de céder au mandant les actions qu'il a pu acquérir dans l'accomplissement de son mandat, et aussi de l'obligation corrélative pour le mandant, de prendre à sa charge, par une novation ou tout autre moyen, les actions que les tiers ont le droit de diriger contre le mandataire.

Cette pratique, nécessitée par la règle de la non-représentation, outre les complications sans fin qu'elle entraînait, avait des inconvénients très graves en cas d'insolvabilité de l'une ou de l'autre des personnes, qui sont liées par le lien du mandat. C'est dans ce domaine que l'intervention de notre action fut très heureuse.

Avant de montrer comment de son domaine propre

elle passa dans le mandat ordinaire et modifia profondément ses effets, il nous faut exposer les généralisations consécutives que notre action avait subies.

Nous avons vu quelle était l'étendue du champ d'activité de l'action *institoria*, quand nous avons montré les éléments qui constituent une *præpositio ;* mais à côté des cas qui rentraient véritablement dans les données de notre action, il s'en trouvait qui, tout en approchant, différaient par quelque point.

Alors le préteur, estimant qu'il y avait utilité à donner plus d'étendue à cette action, finit par accorder un recours qui, par extension et s'inspirant de l'action *institoria*, assurait un moyen de poursuite aux intéressés,

Les premières hypothèses où la bienveillance du préteur eut l'occasion de se donner libre carrière, paraissent être les suivantes : ou bien le préposé se trouvait être l'esclave de la personne avec laquelle il avait contracté en sa qualité de préposé d'autrui (hypothèse prévue par la loi 12, D. L. XIV, t. III), ou bien le préposé ne paraît pas avoir pour principale fonction, celle à l'occasion de laquelle il s'est obligé (L. 13, D. L. XIV, t. III).

En résumé, on voit dans tous ces cas un *institor* placé conformément aux règles à la tête d'une exploitation, mais on se trouve un peu en dehors des termes mêmes de l'édit, par suite de l'absence de l'une des conditions requises pour avoir recours à l'action prétorienne ; mais vu l'étroite analogie avec les cas où l'action a été accordée, on finit par construire sur le modèle de celle-ci une action nouvelle plus juste et plus large dans son application, et nommée action *quasi institoria*.

Son nom du reste indique son origine et son but, mais les textes n'emploient presque pas cette qualification de *quasi-institoria*, et toutes les fois que, dans les textes, il s'agit de cette extension de l'action *institoria,* on la trouve qualifiée d'action *institoria utilis*, ou *ad exemplum institoriæ;* Ulpien est peut-être le seul jurisconsulte qui se sert de ce terme (L. 10, § 5, D. L. XVII, t. I) et les commentateurs à sa suite l'ont consacré.

Mais on ne s'arrêta pas à cette première extension, qui toute importante qu'elle fût, n'avait pas une très grande portée ; il y avait en effet un champ bien plus grand et plus fécond pour le développement de l'idée qui avait présidé à la création de cette action, c'est le domaine du mandat ordinaire relatif à une seule affaire.

En parlant des éléments qui constituent la *præpositio*, nous avons vu que l'*institor* n'est au fond qu'un procurateur, qui est chargé de la gestion d'une entreprise d'un ensemble d'affaires ayant le gain pour but ; donc à part cette différence, similitude complète entre les deux cas.

Il arrivait donc fort souvent au préteur de se voir

obligé de refuser l'action *institoria*, dans des cas qui pourtant présentaient des analogies fort grandes avec ceux pour lesquels il avait créé cette action; dans l'un et l'autre cas, il s'agissait en effet d'une obligation contractée à raison de l'affaire d'autrui, sur son ordre et pour son compte, et le tiers qui dans un cas pouvait recourir contre celui qui a donné l'ordre, ne le pouvait pas dans l'autre cas.

Ce résultat était de nature à choquer l'esprit si logique des jurisconsultes, sans compter qu'il blessait les principes de l'équité, au nom desquels on faisait subir chaque jour des nouvelles atteintes aux vieilles règles, qui n'étaient plus en rapport avec les nécessités du moment.

Et d'ailleurs les mêmes raisons qui avaient décidé le préteur à intervenir dans le premier cas, se retrouvaient en grande partie dans notre hypothèse; en effet, celui qui traitait avec le *procurator* d'un tiers pouvait ignorer son incapacité et son insolvabilité, tout aussi bien que celui qui traitait avec le *magister navis* ou avec l'*institor*, et il pouvait avoir autant d'intérêt à traiter avec lui.

Ensuite en quoi le fait d'avoir été préposé pour une seule affaire, change-t-il complètement les choses, est-ce que le mandataire est-il pour cela moins le porte-parole du mandant, est-ce que ce dernier n'a pas, comme dans l'autre cas, désigné son mandataire à la confiance publique, est-ce que ce n'est pas lui qui aura en définitif les bénéfices résultant de l'accomplissement de ce mandat ?

Les jurisconsultes considérant qu'en effet, quel que soit le rapport entre le préposant et le préposé d'une part et le mandant et le mandataire de l'autre part, le rôle et les pouvoirs dans les deux cas sont toujours les mêmes ; qu'ensuite les raisons qui justifient l'action *institoria* se retrouvent avec autant de force quand il s'agit d'un mandat ordinaire, ils finirent par étendre encore la portée de cette action, en l'appliquant progressivement et dans les cas les plus favorables d'abord et ensuite à tout mandat.

Si l'on prit pour type de cette innovation, l'action *institoria* et non l'ation *exercitoria*, c'est que, grâce à sa nature elle embrassait tout un ensemble de cas, et se trouvait présenter beaucoup plus de points d'analogies avec les divers cas du mandat, tandis que l'action *exercitoria* créée pour les besoins spéciaux des affaires maritimes, avait un domaine précis et limité.

Arrivés à ce point de notre étude, jetons un coup d'œil rétrospectif, pour mieux mesurer le progrès accompli ; nous avons déjà dit qu'à l'origine l'idée de la représentation était totalement inconnue, pour le peuple Romain il ne pouvait y avoir d'obligations, de droits attachés à une personne sans la présence réelle de cette personne au contrat ; après et sous l'influence des besoins des affaires qui prenaient tous les jours de l'extension, nous voyons apparaître un semblant de l'idée de la représentation telle que nous la concevons, dans cette sorte de mandat propre aux commerçants, mandat sanctionné par les actions *exercitoria* et *institoria* ; maintenant voici que ce principe de la représentation prend consistance et paraît vouloir transformer complètement les règles du mandat ordinaire.

Cette dernière modification apportée aux vieux principes et due aux jurisconsultes qui, grâce à leur influence croissante sur la formation des coutumes par l'interprétation des lois existantes, et surtout grâce à leur *facultas jus condendi*, qui les transformaient en une véritable source de lois, eurent une grande influence et une grande part dans la réalisation des derniers progrès accomplis par le droit romain.

Aussi les deux dernières modifications apportées dans notre matière, se personnifient dans l'œuvre de deux jurisconsultes, Papinien et Ulpien.

Papinien le premier ou l'un des premiers jurisconsultes entra dans la voie tracée par le préteur, et accorda aux tiers qui avaient des créances contre le mandataire la permission de diriger l'action contre le mandant sous la forme d'action utile *ad exemplum institutoriæ actionis*.

Voici quelques textes qui le prouvent, et qui paraissent indiquer quelles furent les hypothèses dans lesquelles, pour la première fois cette innovation fut consacrée ; d'abord la loi 31 pr. D. L. III, t. v, qui nous dit : *liberto vel amico mandavit pecuniam accipere mutuam, cujus literas creditor secuts contraxit, et fidejussor intervenit ; etiamsi pecunia non sit in rem ejus versa, tamen dabitur in eum negotiorum gestorum actio creditori, vel fidejussori, scilicet ad exemplum institoriae actionis.*

Il s'agit, on le voit, d'un prêt d'argent fait à un affranchi mandataire de son maître, et le jurisconsulte décide que même s'il n'y a pas lieu de donner l'action *de in rem verso* contre le mandant, c'est-à-dire si l'on ne peut prouver le profit du maître dans cette affaire, on donnera une action *negotiorum gestorum ad exemplum institoriæ actionis* (voir de même L. 19 pr. D. L. XIV, t. III). Et Papinien ne s'arrête pas là ; Ulpien qui cite son opinion et l'approuve dans plusieurs endroits, nous donne la preuve que dans le cas de vente faite par un mandataire, Papinien enseignait qu'il fallait encore donner une action utile *ad exemplum institoriæ* (L. 13, § 25, D. L. XIX, t. I) et aussi en cas de fidéjussion (L. 10, § 5, D. L. XVII, t. I).

Appuyé sur ces textes, nous pouvons donc dire que les jurisconsultes ont commencé par étendre notre action aux cas qui leur paraissaient les plus dignes de leur sollicitude, mais peu à peu et par la force des choses même on arriva à l'accorder dans tous les cas de mandat ; du reste une fois l'assimilation entre l'*institor* et le *procurator* consacrée dans quelques cas, il n'y avait plus de raison de s'arrêter en route et reculer devant les conséquences.

Aussi à l'époque classique la règle est-elle générale, et une action utile est donnée contre le mandant aux tiers, qui ont à faire valoir des droits résultant d'un contrat fait par un mandataire.

Mais Papinien s'arrêtait là, et fidèle à la marche du préteur, dont il s'était inspiré, il n'accorda aucune action au mandant contre les tiers, pour les droits que le mandataire avait pu acquérir à leur égard.

Comme le préteur avait décidé que les tiers auront une action contre le maître, de même il accorda en généralisant cette pensée, une action aux tiers contre le mandant, mais rien de plus ; les besoins étant les mêmes a-t-il dû se dire, la solution doit être la même dans les deux hypothèses.

On a cependant soutenu, et M. Labbé s'est fait le défenseur de cette théorie, que Papinien aurait décidé qu'on donnera au mandant une action contre les tiers qui ont contracté avec le mandataire, mais cela après examen de la cause seulement.

Nous ne pouvons pas accepter cette manière de voir; en effet, la loi 49, § 2, D. l. XLI, t. II, s'oppose formellement à cette interprétation, ainsi Papinien nous dit : *etsi possessio per procuratorem ignoranti quæritur, usucapio vero scienti competit tamen evictionis actio domino contra venditorem invito procuratore non datur ; sed per actionem mandati ea cedere cogitur.*

On voit de quoi il s'agit, un mandataire a acheté et pris possession d'une chose, un tiers vient la revendiquer et évince le mandataire ; on se demande alors si le mandant peut agir en garantie directement contre le vendeur par l'action *empti ou ex stipulatu ad exemplum institoriæ actionis*, avant de se faire céder ces actions par son mandataire.

Papinien lui refuse catégoriquement le droit d'exercer contre la volonté du mandataire, les actions que ce dernier a acquises par le contrat, et lui indique la seule voie légale, celle de le contraindre par l'action du mandat de les lui céder.

Il n'y a donc pas de cession faite après examen.

Ensuite la loi 13, § 25, D, l. XIX, t. I, nous donne une nouvelle preuve que Papinien n'avait pas admis cette seconde innovation. Ainsi Ulpien nous dit : *Si procurator vendiderit, et caverit emptori : quæritur an domino, vel adversus dominum actio dari debeat ; et Papinianus lib.* 3 *Responsorum putat, cum domino ex empto agi posse utili actione, ad exemplum institoriæ actionis, si modo rem vendendam mandavit : ergo et per contrarium dicendum est, utilem ex empto actionem domino competere.*

Il s'agit d'un mandat de vendre et alors Ulpien, en rapportant la doctrine de Papinien, y ajoute, comme conséquence tirée par lui de l'opinion de ce dernier, et comme contre-partie des avantages accordés aux tiers, qu'une action utile sera accordée aussi au mandant; donc Papinien est complètement étranger à cette nouvelle innovation, dont l'honneur revient tout entier à Ulpien.

M. Labbé[1] pour expliquer ce texte de Papinien, suppose que le mandataire ne voulait pas laisser au mandant le bénéfice des actions nées du contrat, parce qu'il avait payé le prix *de suo*; mais le texte ne nous donne aucune indication dans ce sens, il dit seulement que les actions ne pourront être exercées par le mandant contre la volonté du mandataire, avant qu'il l'ait forcé à les lui rendre par l'action du mandat.

C'est donc bien à Ulpien que revient l'honneur d'avoir fait accepter le principe de la réciprocité, et d'avoir fait admettre en faveur du mandant une action utile contre les tiers.

Du reste Ulpien aussi ne fait qu'étendre les modifications que le temps avait apportées à cet égard dans l'action *exercitoria*; il faut en effet remonter là pour trouver la première dérogation, qui fût apportée en ce sens à l'ancienne règle.

Il y avait en vérité un motif puissant dans le cas de l'*exercitor*, car malgré que le *magister* était généralement un fils de famille ou un esclave, et qu'alors l'*exercitor* pouvait exercer sans aucune difficulté les actions qui étaient nées dans sa personne même; et

1. M. Labbé, *Notes sur Ortolan*. App. IX liv. III, p. 877.

que s'il était un homme libre l'*exercitor* avait encore le recours de l'obliger par l'action du mandat à lui céder les actions ; mais dans ce dernier cas, il pouvait en résulter de graves inconvénients, car il suffit de supposer le *magister* insolvable pour que la cession des actions devienne impossible, tous les biens, créances comprises, passant au *bonorum emptor*, ou encore si on suppose que le *magister* meurt sans héritiers la cession ne peut pas se faire.

A cause donc de ces inconvénients, et sous la pression des besoins du commerce maritime, qui était devenu à une certaine époque d'une importance capitale pour l'existence des villes de l'Italie, qui manquaient de blé, on se vit obligé, pour donner plus de sûreté aux *exercitores*, de leur accorder des nouvelles facilités pour la rentrée des sommes dues à leurs *magistri*.

Ce fut donc en vue de l'utilité publique que le préfet de l'*annone* à Rome et les gouverneurs dans les provinces accordèrent *extraordinem* aux armateurs le droit d'agir directement contre les tiers débiteurs de leurs préposés ; comme le prouve la loi 1, § 18, *in fine*, D. l. XIV, t. 1.

C'est là la première étape dans cet ordre d'idées, mais on ne tarda pas à s'apercevoir que les mêmes motifs plaidaient en faveur de tout préposant, et qu'il y avait grande utilité à accorder le même secours, quelque fut l'affaire à laquelle une personne a préposé un homme de sa confiance ; mais comme si les innovateurs étaient effrayés de leur audace, ils n'accordèrent ce recours que dans le cas où le préposant est exposé à perdre, soit parce que son recours contre le préposé serait impossible, soit parce qu'il serait illusoire (l. 1 *in fine* et 2 D. L. XIV, t. III).

Alors intervient Ulpien et dans la loi 13, § 25, D. L. XIX, t. I, après avoir rapporté l'opinion de Papinien, ajoute ceci : *Ergo et per contrarium dicendum est, utilem ex empto actionem domino competere*, il tire là une conséquence basée sur la réciprocité qu'il était juste d'entroduire entre la position des tiers et des mandants, relativement aux droits et obligations résultant de l'accomplissement du mandat.

Ulpien avait assisté pour ainsi dire au progrès opéré dans le domaine des affaires, des entreprises de spéculation et il est venu un moment où il s'est demandé pourquoi la même faveur ne serait pas accordée au mandant ordinaire, au mandat relatif à une affaire unique ; et il fit même un pas de plus, car il accorda ce recours sans examen préalable comme dans le cas de l'action *institoria*, pour savoir s'il y a danger de perte pour le mandant.

Du reste à bien raisonner, il y a à ce point de vue une différence entre le préposé et le mandataire, différence que M. Labbé résume ainsi : « le préposé chargé d'une série d'opérations, dont les résultats heureux ou malheureux se compensent, a intérêt à ce que le mandant ne puisse pas en agissant à l'occasion d'une affaire contre un tiers débiteur, lui élever un article de recette. L'action d'un tiers créancier contre le préposant ne lui nuit pas ; elle lui épargne seulement une occasion de déboursé. Le mandataire chargé d'opérer un acte isolé, par exemple une vente, n'a pas le même intérêt à empêcher le mandant d'agir contre le tiers, de même que le tiers a faculté d'agir contre le mandant[1]. »

Ulpien admet donc le mandant à se servir des actions nées dans la personne du mandataire et cela d'une façon générale, c'est-à-dire sans examen préalable, c'est du moins la doctrine qui ressort du texte précité.

Il avait fait intervenir cette idée, que le mandataire est tenu de céder les actions qu'il a acquises dans l'exercice du mandat ; de là à tenir cette session pour sous-entendue, il n'y avait qu'un pas à faire ; et il est d'autant plus facile à comprendre qu'il ait eu cette idée, que la cession des actions était déjà à la fin de l'époque classique sous-entendue, réputée faite, toutes les fois qu'elle était due.

Pourtant on a élevé des doutes sur ce point ; d'abord, a-t-on dit, il y a au titre de l'action *institoria* un texte de loi 1 *in fine* et 2 D. L. XIV, t. III, qui paraît faire dire à Ulpien qu'on n'accordera d'action que

1. M. Labbé. *Op. cit.* Appendice IX, liv. III, p. 877.

cognita causa ; et il est certain en effet que Gaius dit: *si modo aliter rem suam servare non potest*, mais c'est là son opinion à lui, et Justinien en faisant suivre immédiatement et comme complètant la pensée d'Ulpien ce texte de Gaius, ne peut rien prouver contre sa théorie. Tout ce que cela peut prouver au besoin, c'est que Gaius n'admettait pas d'action en faveur du mandant que *cognita causa*, et que Justinien se range à cette opinion.

Mais on insiste, et l'on dit que ce texte d'Ulpien devait contenir dans sa partie finale, quand il rapporte l'opinion de Marcellus, une restriction analogue à celle qu'apporte Gaius, et qui consiste à n'accorder l'action que si *modo aliter rem suam*, etc., et que les compilateurs de Justinien ayant trouvé cette restriction mal rédigée à leur avis, l'ont remplacée par celle qui se trouve dans le texte cité de Gaius, qui forme la suite de celui d'Ulpien.

D'abord nous ne voyons pas de raison plausible pour admettre ce changement, en outre, supposant même que cela fut vrai, nous ne ferions autre chose que de créer des nouvelles difficultés, car alors comment expliquer l'autre texte d'Ulpien la loi 13, § 25, D. XIX, t. I, où il n'y a pas non plus trace de cette restriction, nous arriverions à ce résultat de mettre en contradiction Ulpien avec lui-même dans deux textes qui s'acordent si bien entre eux ; à moins de faire une nouvelle supposition aussi gratuite que la première, que dans ce second texte aussi il devait y avoir une pareille restriction.

Il est donc certain que tout en ne représentant peut-être que son opinion à lui et celle de quelques autres jurisconsultes, opinion qui a un solide point d'appui dans la cession sous-entendue des actions à l'époque classique, Ulpien donne dans tous les cas une action au mandant contre les tiers, comme contre-partie de celle accordée à ces derniers.

Mais est-ce là l'opinion généralement admise à la fin de l'époque classique ?

Les textes ne nous permettent pas de répondre affirmativement, et si curieux que cela puisse paraître, on voit Justinien n'accorder cette action que *cognita causa*, et Gaius et même Paul sont du même avis (Paul l. 5, D. L. XLVI, t. v).

Il y a un texte pourtant, qui au premier abord paraît admettre l'existence de ce recours du mandant contre les tiers sans aucun examen, c'est la loi 68, D. L. III, t. III, et cela à une époque antérieure même, car c'est un texte de Papinien. Ce texte nous dit : *Quod procurator ex re domini, mandato non refragante, stipulatur invito procuratore, dominus petere potest* ; en effet il paraît résulter de ce texte que Papinien même admettait sans aucun examen préalable, notre action à tout mandant, mais ce texte n'est pas très clair et l'on en donne deux explications pour prouver qu'il n'a pas trait à notre hypothèse.

Les uns disent qu'il s'agit ici d'un *procurator ad litem*, auquel cas le recours était admis sans conteste ; d'autres qu'il y a eu défiguration de ce texte, et qu'il devait finir par une négation : *dominus petere non potest ;* et cette dernière opinion que Cujas enseigne, a pour elle deux versions des Basiliques. D'ailleurs sans cela même il n'eût pas été difficile de prouver la mutilation de ce texte, car si on le prend tel qu'il est, il met Papinien en contradiction avec lui-même, car nous avons vu que ce dernier donne une solution diamétralement opposée dans la loi 49, § 2, D. l. XLI, t. II.

Avant d'exposer le dernier état du droit sur cette matière, il nous faut rendre compte d'un texte qui a soulevé des difficultés considérables.

En effet les *Institutes* nous disent § 8, l. IV, t. VII, que les actions indirectes *exercitoria* et *institoria* peuvent être remplacées par une action directe, une *condictio*.

Alors naît la question de savoir quels sont les cas d'application de cette *condictio* et quelle peut être encore l'utilité des actions prétoriennes.

Là dessus des discussions interminables.

M. Ortolan[1] admet bien que la jurisprudence avait fini par décider que dans tous les cas où une personne se trouvait avoir acquis sans juste cause le bien d'autrui, il y avait lieu de donner contre elle une

1. *Op. cit.*, t. II, § 2218.

condictio pour la répétition de ce dont elle s'était enrichie, ce qui nous est prouvé par différents textes entre autres par la loi 23, D. l. XII, t. I, dans laquelle Africain nous dit : *quasi ex re tua locupletior factus sim.*

C'est donc une *condictio* qui n'est pas fondée sur un contrat mais sur le fait de s'être enrichi du bien d'autrui.

Et dans notre cas si le préposant retire quelque profit de l'opération faite par l'*institor*, il est naturel de permettre au tiers qui a traité avec ce dernier, de se servir de la *condictio* dans la mesure de l'enrichissement du maître.

Mais d'après cet auteur la *condictio* dont il s'agit au § 8 n'est pas celle dont nous venons de parler mais une *condictio certæ pecuniæ* qui ne serait donnée contre le préposant qu'en tant qu'elle résulte naturellement du contrat passé par le préposé, c'est-à-dire s'il s'agit d'un contrat unilatéral, d'un contrat de droit strict.

Donc si le contrat n'engendre pas lui-même une *condictio* c'est-à-dire s'il s'agit d'une vente, d'un louage ou tout autre contrat de bonne foi, la *condictio* ne sera pas donnée, ce qui permet aux actions adjectices de conserver quelque utilité.

En résumé donc cet auteur pense que la jurisprudence, dans un but de simplification, avait fini par admettre que dans les cas de contrats de droit strict le tiers sera reçu à intenter l'action sous forme de *condictio* directement contre le préposant au lieu de l'action *institoria* ou *exercitoria*.

A l'appui de cette opinion on apporte plusieurs arguments.

D'abord, dit-on, en prenant ce § 8, on voit que Justinien reconnaît qu'on peut agir par la *condictio directa* : *tanquam si principaliter cum ipso negotium gestum esset ;* c'est-à-dire en tant que le contrat, en le supposant fait avec le préposant, aurait donné naissance à une *condictio*.

On voit donc que cet argument tient uniquement à une certaine manière de traduire ce texte, manière que nous ne pouvons pas admettre, vu qu'il nous semble bien plus naturel de voir dans cette phrase *tanquam*, etc., cette idée que le tiers peut agir directement contre le préposant comme s'il avait contracté avec lui-même.

Cette interprétation est d'autant plus plausible qu'elle est conforme aux principes formulés par Ulpien L. 9, pr. D. l. XII, t. I où l'on lit ; « *certi condictio competit ex omni causa, ex omni obligatione ex qua certum petitur, sivi ex certo contractu, sivi ex incerto : licet enim nobis ex omni contractu certum condicere.* »

Et il faut bien admettre que ce texte permet l'emploi de la *condictio* dans tous les cas sous peine de lui faire dire une chose absolument inutile, car il reviendrait à dire que cette *condictio* compète là où elle compète.

On prétend en outre qu'en admettant la *condictio* dans tous les cas, on donne lieu à une grave anomalie, car on sanctionne par une action de droit strict des obligations naissant de contrats de bonne foi.

Nous reconnaissons fort bien que la *condictio certæ pecuniæ* ou la *condictio certi* dont il s'agit ici sont par leur nature des actions *stricti juris*, mais M. Ortolan lui-même reconnaît que de fort bonne heure la jurisprudence finit par élargir leur domaine, et le texte précité d'Ulpien prouve que la *condictio certi* compète à tout créancier qui veut en user.

Ulpien vise particulièrement la *condictio certæ pecuniæ*, et comme il suppose que c'est là une faculté pour le tiers créancier de choisir entre l'action qui est la conséquence directe du contrat, qu'il soit de droit strict ou de bonne foi peu importe, et la *condictio* ; on est obligé de conclure que le créancier peut à ses risques et périls faire lui-même la liquidation de son droit, c'est-à-dire préciser la somme qu'il exige. A l'appui de cette opinion M. Accarias cite plusieurs textes :

1) Ulpien L. 5, D. l. XLIV, t. II, où l'on voit clairement démontré l'existence de ce droit pour tout créancier en vertu d'un contrat de bonne foi d'agir par la *condictio* ; il s'agit en effet d'un créancier qui avait agi par l'action *mandati* et le jurisconsulte nous dit

qu'il sera repoussé par l'exception *rei judicati* s'il essaye d'agir pour la même créance par la *condictio*.

2) Paul, l. 28, § 4, D. l. XII, t. II, texte qui est encore plus probant, il dit en effet que l'exception *jurisjurandi* s'oppose à ce qu'on puisse agir par la *condictio certi*, après que les actions *mandati, pro socia etc* ont été éteintes de cette façon : et M. Accarias prouve que cette doctrine est très ancienne, en racontant une anecdote rapportée par Cicéron [1].

Ces textes nous semblent décisifs et pour cette raison nous nous rallions à l'opinion de cet auteur.

D'autant plus que dans l'opinion contraire on fait dire au § 8 des *Institutes* une chose fort naïve ; car dire qu'on pourra agir par la *condictio* toutes les fois que le contrat est de droit strict, c'est dire sous une autre forme ce que l'on sait déjà, c'est-à-dire que les actions adjectices ne sont que des actions ordinaires modifiées pour la circonstance.

Quant à l'utilité des actions adjectices, elle n'est nullement supprimée ; d'abord la *condictio* expose à la *plus petitio,* donc le créancier n'y aura pas recours très souvent surtout s'il s'agit d'un contrat de bonne foi malgré l'appât de la *sponsio tertiæ partis*, car dans ce cas il devra tenir compte de ses propres obligations dans l'évaluation de sa créance, ce qui lui sera assez difficile à apprécier.

Ensuite s'il s'agit d'un corps certain, le demandeur

1. Accarias, *op. cit.* t. II, § 875.

ne pourra pas agir que par la *condictio certi*, à moins que l'objet ait péri par le dol ou la faute du débiteur ; donc dans ce cas encore il aura plus d'intérêt à agir par l'action adjectice qui n'expose pas à la *plus petitio*.

De cette façon nous expliquons d'une manière précise les textes et nous conservons encore une certaine utilité aux actions prétoriennes

Arrivé de la sorte au terme de notre étude, faisons comme le voyageur qui, arrivé au sommet de la montagne, jette un coup d'œil sur le chemin parcouru, pour mieux s'en rendre compte.

Nous voyons alors la règle de la non-représentation, ayant subi peu à peu des nombreuses atteintes.

Nous avons dit, en commençant, que l'étude de cette action était très importante, parce qu'elle se rattache à la vie économique des Romains ; et que, exposer les modifications subies par le droit civil dans cette matière, c'est faire à un point de vue spécial l'historique de la marche lente et graduelle de l'esprit des Romains vers le progrès économique.

Nous avons vu en effet, à l'origine, les Romains vivant de leur vie simple, austère, et par conséquent sans grande industrie, sans commerce ; n'ayant pas de grands besoins, ils se suffisent à eux-mêmes et n'ont aucune nécessité de se mettre en relation de commerce avec leurs voisins.

Mais plus tard, ayant porté leurs armes victorieuses par tout le monde alors connu, s'étant enrichi des dépouilles de leurs ennemis, ils sentent le besoin de l'échange des produits et quand ils ont conquis des ports de mer, ils construisent des navires, qu'ils emploient pour l'exportation et l'importation.

De ce développement de la vie économique, des relations continuelles avec les commerçants, il en sortit des modifications dans celles de leurs lois, qui ne protégeaient pas suffisamment leurs droits.

Nous avons vu comment le préteur est intervenu alors, pour régler ces relations ; et comme il trouva qne les tiers sont laissés à la merci du maître de l'exploitation, il créa d'abord pour les besoins pressants du commerce maritime l'action *exercitoria*.

Puis pour les mêmes besoins de célérité et de sûreté, qui sont les conditions essentielles des affaires, on généralisa cette première innovation, on créa l'action *institoria*.

Après, de l'*institor* au *procurator* le passage est forcé, mais les vieux principes de la non-représentation restent toujours debout, et les réformateurs se sont bornés à tourner l'obstacle, au lieu de l'attaquer de face.

Mais là où nous en sommes arrivé, c'est-à-dire à la dernière époque du droit classique, que reste-t-il des vieux principes? Les tiers peuvent agir contre le mandant, celui-ci peut aussi, du moins d'après Ulpien, exercer les actions acquises par le mandataire ; n'est-ce donc pas là le principe de la représentation moderne, telle que nous la concevons et dans toute sa plénitude ?

Non, pas encore ; car le droit pour les tiers d'agir directement contre le mandant ne constitue qu'une faculté pour eux, ils peuvent, s'ils aiment mieux, agir contre celui qui a véritablement contracté ; le mandataire peut aussi faire usage des actions résultant du contrat, et le diriger contre les tiers tant que le mandant ne s'est pas servi.

Donc, comme le dit M. Accarias : « la théorie définitive des Romains n'est pas encore la véritable théorie de la représentation, puisque la personne du représentant n'est pas mise hors de cause [1]. »

1. Accarias, *op cit.* t. II, p. 542.

DROIT FRANÇAIS

LES

CAISSES D'ÉPARGNE

ÉCONOMIE POLITIQUE

INTRODUCTION

« Parmi les faits qui distinguent et qui honorent la civilisation moderne, l'un des plus caractéristiques est assurément la création des Institutions de Prévoyance. Ce n'est pas que depuis des longs siècles la charité n'ait été largement exercée au sein des sociétés chrétiennes. Jamais ces sociétés n'ont manqué d'hommes qui, touchés des misères de leurs semblables et cherchant à les soulager, n'aient fait, dans l'espoir d'y parvenir, de nombreux et généreux sacrifices. De là, tant de créations hospitalières dans les âges passés, tant de fondations pieuses et laïques, où l'on distribuait des aumônes régulières et souvent abondantes.

« Mais qu'on examine de près ce que voulaient ces

hommes les plus bienfaisants et les plus éclairés des temps accomplis, on s'aperçoit qu'ils ne songeaient qu'à ceci : adoucir, panser des plaies qu'on voyait béantes, verser quelque baume sur les souffrances que subissaient autour d'eux grand nombre de leurs concitoyens.

« Ils ne cherchaient pas l'origine des souffrances et des maux qu'ils voulaient soulager ; ils ne distinguaient pas entre les causes qui les produisent : et trop souvent leurs œuvres, en apparence les mieux combinées, en amnistiant en quelque sorte les vices les plus féconds en misères, n'aboutissaient qu'à en multiplier le nombre ou à augmenter l'intensité.

« Tout autre est le but que poursuivent les Institutions de prévoyance. Ce qu'elles ont en vue, c'est d'atteindre la misère dans ses sources, soit pour tarir ces sources, soit pour en diminuer l'affluence, du moins autant que le comportent les imperfections de la nature humaine [1] ».

En effet les individus, dans les temps les plus reculés, comme aujourd'hui, comprenaient très souvent que la prévoyance est le seul moyen d'éviter l'indigence ; mais ce qu'on ne voit nulle part dans l'antiquité, c'est l'État où une association quelconque organisant ou encourageant des institutions de prévoyance. Du reste la prévoyance corollaire de la li-

1. Hippolyte Passy, *Discours d'ouverture du Congrès des Institutions de Prévoyance de* 1878.

berté, de la sécurité, ne pouvait, en tant qu'institution d'utilité publique du moins, se concevoir dans un temps où la liberté et la sécurité étaient un fait exceptionnel même à l'égard de ceux qui s'honoraient du titre d'hommes libres; quant aux esclaves, le maître dont ils sont la chose trouve son intérêt à s'en occuper, à leur assurer dans une certaine mesure les moyens d'existence; l'artisan lui-même, grâce à la constitution des jurandes et maîtrises, se sentait à l'abri de bien de vicissitudes que l'ouvrier moderne a à redouter.

L'amour des pauvres, la charité, est un sentiment dont le christianisme fit un de ses articles de foi; et à partir de cette époque, les monastères et leurs annexes eurent pendant longtemps le monopole de l'assistance.

Dans notre siècle encore, quand les gouvernements ont voulu soulager la misère, à quel remède ont-ils eu recours sinon à l'assistance sous toutes ses formes, depuis la charité légale, telle qu'elle est pratiquée en Angleterre jusqu'à la tolérance de la mendicité, devenue presque une institution d'État comme en certaines contrées de l'Italie et surtout de l'Espagne. Le vieux monde n'a donc trouvé, pour remédier à la misère que certains palliatifs, qui fort souvent ont été les excitants les plus actifs du fléau.

Il y avait donc là, tout un monde complétement inconnu, auquel on ne faisait pas attention tout en vivant à côté de lui ; et qui fort mécontent de son sort, manifestait quelquefois son malaise par des rumeurs menaçantes ou même par des explosions terribles.

Il était donc grandement temps qu'on se mît à l'étude de ces questions, qu'on fît connaître la situation malheureuse et souvent digne d'intérêt des classes pauvres ; et en pénétrant jusqu'au plus profond des causes de la misère, l'on pût tenter, avec quelque chance de réussite, d'arracher à leurs souffrances le plus grand nombre de malheureux possible. Il était d'autant plus pressant qu'on s'intéressât aux classes pauvres, que les meneurs socialistes, communistes et autres, se faisaient une arme de cette indifférence, pour les pousser aux excès les plus coupables, au nom de théories que le peuple, ne sachant à qui s'en prendre de son malaise, était malheureusement trop enclin à écouter et à suivre.

Frappés de ce danger, des hommes de cœur se sont demandés s'il ne valait pas mieux prévenir la misère, que d'attendre qu'elle ait régné en maîtresse pour secourir après ceux qu'elle aurait atteint. Ce moyen préventif n'est autre que la prévoyance qui est à la misère ce que l'hygiène est à la maladie, son action est même plus sûre.

En effet, amenés par une appréciation plus intelligente de ses vrais intérêts, ou par une pensée humanitaire, ou enfin par la crainte des grèves et désastres, les industriels comme les hommes d'État semblent mieux comprendre que, de tous les éléments qui coopèrent à la production, celui dont on doit prendre soin en premier lieu est l'élément intelligent l'ouvrier; qu'enfin il était souverainement injuste et impolitique à la fois de traiter l'ouvrier comme une machine. Injuste parce que derrière l'ouvrier il y a sa famille dont il n'est pas permis de faire abstraction, et impolitique parce que des graves dangers menacent les sociétés qui ne tiennent aucun compte des plus justes réclamations. Cette comparaison de l'ouvrier avec un agent mécanique avait en outre le tort de faire croire que le progrès consistait simplement à trouver le moyen de produire le plus possible avec le moins de frais; ce qui poussait à la diminution du salaire.

On se décida donc à chercher le remède à tant de maux; de là tant d'enquêtes sur la situation des classes laborieures, tant de discussions législatives ou scientifiques consacrées à l'examen de leurs besoins et de leurs aspirations, examen qui constitue encore le meilleur moyen d'arriver à un bon résultat.

Du reste les divers essais faits dans des directions plus ou moins fausses ne doivent pas étonner outre mesure; c'est là en effet la marche habituelle de l'esprit humain, on commence d'abord à appliquer d'une manière empirique quelques palliatifs aux maux les plus visibles sans rechercher, sans analyser les causes et les effets; et ce n'est que plus tard, après bien des tâtonnements, bien des hésitations qu'on arrive, en groupant les faits, en remontant des effets aux causes, à poser les bases d'un ensemble de vérités, à former une science.

Aujourd'hui nous sommes enfin arrivés à cette étape ; il y a une science de la prévoyance, une science de l'épargne, qui consiste dans l'ensemble des principes tendant à développer l'épargne, en développant la prévoyance, à la conserver et à la faire fructifier.

De nos jours, à côté des institutions qui ont pour but de courir au plus pressé, d'assurer un secours passager en nourriture et en abri ; nous trouvons une foule d'institutions variées par leur forme et leur origine, dont l'importance est plus ou moins grande, mais dont le but est au fond le même ; car toutes, elles concourent à assurer l'indépendance, à élever la dignité de l'ouvrier, en lui faisant comprendre qu'il a le moyen de cesser de vivre au jour le jour, au hasard des événements, et par là lui inspirant une pensée d'avenir.

Mais pour arriver à cela on avait à lutter non seulement contre l'ignorance, les habitudes d'intempérance et de dérèglement, mais aussi, ce qui est plus pénible à constater, contre les prétendus amis des ouvriers, qui faisaient tous leurs efforts pour les éloigner du bon chemin. Tandis que d'un côté on tâchait de réformer les mœurs, de faire entrer dans les esprits des pensées de prévoyance, des habitudes plus saines et meilleures, d'améliorer et moraliser les faibles, en encourageant leur application au travail et à l'ordre ; — du côté opposé, des esprits chimériques qui, méconnaissant la nature humaine, ne respectant ni propriété ni liberté de travail et de la sorte aboutissant à une société tout artificielle, d'où l'intérêt individuel serait exclu et dont le seul pivot serait le dévouement et la fraternité universelle; ne se faisaient pas de scrupule pour attirer à eux les travailleurs, de flatter leurs plus mauvaises passions.

On oubliait trop, on ne voulait pas comprendre qu'il est nécessaire, indispensable même de façonner de bonne heure l'esprit des pauvres aux habitudes d'ordre et d'économie ; qu'il faut leur apprendre à compter sur leur propre initiative, sur leur propre prévoyance; car malgré toutes les déclamations et toutes les panacées promises, l'ami véritable des classes nécessiteuses, celui qui réfléchit aux conséquences, dira toujours aux travailleurs que l'homme libre et digne de l'être ne compte pas sur les sauveurs politiques ou sociaux, et que la science ne connaît et n'enseigne que ces deux principes : le travail et la prévoyance comme les seules sources de toute richesse, de tout progrès et par conséquent les seuls moyens d'arriver à un état meilleur.

Malgré toutes les difficultés, malgré les oppositions qui étaient d'autant plus difficiles à surmonter qu'on s'adressait aux classes les plus ignorantes des populaions, les philanthropes, les hommes d'État n'ont cessé de s'occuper de ces questions qui intéressent le plus grand nombre.

On est loin aujourd'hui des idées sur les populations qui avaient cours avant Quesnay. On prétendait les laisser dans la misère pour les obliger à travailler ; l'aisance, disait-on, devant avoir pour conséquence la paresse.

Les hommes d'État comme les économistes sont convaincus que plus les membres, composant une nation, sont dans un état de prospérité matérielle, de progrès moral, mieux cela vaut pour l'État, qui n'est respecté et craint que par les forces vives qu'il représente. De là une extrême sollicitude pour tout ce qui touche à l'amélioration de l'état des populations, et des institutions qui leur sont plus particulièrement réservées.

Si nous jetons les yeux sur l'Europe, nous voyons ces institutions de prévoyance, dont les unes sont plus spéciales à certains peuples pour des raisons de tradition, d'influence de race ou de localité, se développant incessamment et prenant différentes formes, depuis la société de secours mutuels, qui dans l'ordre des associations devrait raisonnablement se trouver à la base, constituer pour ainsi dire, la première étape de la prévoyancc, de cette prévoyance rudimentaire qui ne cherche autre chose qu'à s'assurer quelques ressources pour les jours de maladie ou de chômage ; jusqu'aux associations coopératives de consommation, de production ou de crédit, en passant par les diverses formes de caisses d'épargne, dont elles ne sont que le perfectionnement et le développement.

Toutes ces institutions, correspondant à des besoins divers, doivent leur prospérité, leur développement, à l'esprit de prévoyance.

C'est donc à maintenir, à développer cet esprit de prévoyance, à le faire pénétrer dans les couches les plus profondes des populations, qui sont justement celles qui en ont le plus besoin pour faire face aux vicissitudes de l'existence, qu'il faut travailler.

PREMIÈRE PARTIE

De l'Épargne

CHAPITRE PREMIER

NATURE ET FORMES DE L'ÉPARGNE

Nous avons déjà dit que la richesse est la résultante du travail et de l'épargne ; en effet il ne suffit pas de produire, il faut en outre la force de volonté, considérable dans certaines circonstances, de mettre de côté une partie des produits obtenus par le travail. Aussi a-t-on justement défini l'épargne « une force de prévoyance par laquelle on refrène les consommations de jouissance du présent, en vue de s'affranchir des nécessités de l'avenir [1]. »

Il ne rentre nullement dans le cadre de notre étude, de parler du premier élément de la richesse, du travail ; mais nous devons par contre faire l'analyse de l'épargne, montrer comment elle se produit, com-

1. M. Cauwès. *Précis du Cours d'Economie Politique*, t. I, p. 181.

ment elle se développe ou se contracte dans les diverses circonstances, exposer enfin l'effet qu'elle produit sur ceux qui la pratiquent.

Le mot épargne éveille chez bien des gens l'idée d'une tire-lire, d'un coffre-fort dans lesquels on entasse pièce par pièce les économies que l'on peut effectuer.

Présentée de cette manière la notion de l'épargne n'est pas juste, car elle ne comprend que cette partie de l'épargne qui se réalise par l'intermédiaire de la monnaie, et laisse de côté les économies faites sur des produits. Ainsi le cultivateur qui ensemence une plus grande étendue de terre, avec des économies faites sur le blé destiné à sa nourriture, la ménagère qui arrive à la fin de sa semaine ou de son année, ayant encore quelque reste de provisions qu'elle a dérobé à la consommation par sa sage économie, épargnent l'un et l'autre, et pourtant ils n'ont pas employé la monnaie ; l'épargne peut donc se concevoir sans monnaie, et d'après la manière dont on est arrivé à la formation du capital, avec ou sans l'intermédiaire du numéraire, on peut diviser l'épargne en deux grandes catégories : 1° l'épargne en nature, l'épargne faite sur des richesses produites, et employée directement et sans transformation aucune à la production, et qu'on appelle aussi épargne directe ; 2° l'épargne indirecte, celle qui a été faite par la conservation, l'accumulation de la valeur des produits, et non des produits mêmes.

Ainsi les salariés des grandes villes par exemple, qui reçoivent le prix de leur travail en argent, sont bien forcés d'épargner sous la forme du numéraire, de mettre de côté sou par sou jusqu'au jour où ils auront une accumulation suffisante pour l'échanger contre des objets nécessaires dans le ménage, ou contre des instruments de travail propres à augmenter la production, ce qui constitue pour eux un emploi productif de leur épargne.

Le petit propriétaire qui défriche une terre inculte épargne au contraire sans numéraire, il accumule directement son travail sur le sol qu'il transforme en l'améliorant.

Cette distinction entre l'épargne directe et indirecte, a une importance qui dépasse la simple nécessité scientifique de recourir pour plus de clarté à des divisions et classifications ; elle cadre assez bien avec ce qu'on peut appeler l'épargne matérialisée, qui est représentée par un objet matériel utile ou nécessaire, et celle non matérialisée, représentée par un titre de crédit ou autre valeur représentative. Et quand on tient compte de ce fait incontestable, que pour fortifier nos sentiments, il faut autant que possible les personnifier, les matérialiser en quelque sorte ; on voit combien cette distinction a de l'importance, et combien les tentations d'épargner sont plus puissantes quand il s'agit plutôt de l'une des formes de l'épargne que de l'autre. Il suffit pour l'instant d'indiquer l'importance de cette distinction, sur laquelle nous aurons l'occasion de revenir, quand nous traiterons des conditions qui influent d'une manière favorable ou défavorable sur l'épargne.

En jetant un coup d'œil sur le monde, on voit que le fait de l'épargne est presque aussi universel que celui du travail, le sauvage seul, tant qu'il consomme le jour même tout le produit de sa chasse, de sa pêche ou de sa cueillette, ou abandonne ce qu'il en reste après la satisfaction de ses besoins momentanés, ignore l'épargne; mais il épargne du moment où, éclairé par des dures expériences, il met de côté pour les jours défavorables, pour les mauvaises saisons un part du butin obtenu. Il épargne aussi lorsque, après avoir satisfait sa faim, il s'empare des cornes ou de la peau de la bête tuée pour en tirer un usage dans la production à venir. Il épargne encore lorsqu'il troque avec son voisin une partie du produit de sa chasse contre un instrument, très primitif sans doute, mais qui l'aidera dans son travail. Dans tous ces cas le fait qui ressort est la réduction de la consommation immédiate dans le but de mieux assurer l'approvisionnement du lendemain. Les bêtes elles-mêmes ne sont point dépourvues de la faculté d'épargner, et chez plusieurs espèces, elle est même fort développée; ce qui distingue cependant cette épargne des bêtes de celle de l'homme, en dehors de toute question de conscience de l'acte accompli, c'est que ces derniers seuls s'en font un instrument de progrès pour décupler le résultat de leurs efforts dans la tâche qu'ils se sont imposée, de soumettre les lois de la nature à leur volonté et les approprier à leurs besoins.

Chez les peuples où un commencement de civilisation existe, mais qui se trouvent asservis, l'épargne n'est pas inconnue, la prévoyance opère sur les hommes : mais ils tremblent de laisser paraître au grand jour le fruit précaire de leurs moindres économies ; ils enfouissent dans la terre le peu d'argent qu'ils amassent, ils aiment mieux le laisser improductif que de l'exposer à la convoitise des princes ou autres puissants du jour, c'est pourquoi ils se gardent bien de le transformer en objets nécessaires à la production ou même à la commodité de la vie.

Plus tard même, lorsque la féodalité triomphante pesa de tout le poids de ses règles inflexibles sur toutes les nations ; quand elle eut fait taire toute tentative de liberté, d'indépendance, le peuple ne cessait pas d'épargner, mais les plus riches des serfs n'osaient trop faire fructifier leurs économies, les seigneurs eux-mêmes se ressentaient de cette insécurité et employaient leurs richesses de préférence en objets d'or et d'argent, objets faciles à cacher les jours de danger. C'est à ce moment que le peuple conçut l'idée de consacrer son travail et ses économies au rachat de ses précieuses libertés. Au sein des campagnes, les paysans à force de labeur et d'épargne commencèrent par racheter leurs propres personnes de la mainmorte, de la glèbe et du servage; au sein des bourgs et des villes on s'en servit pour acheter les franchises communales qui furent consenties moyennant finannances, et non données par les rois du moyen âge.

Ce rôle de libérateurs, joué dans les temps du moyen âge, par le travail et l'épargne est très intéressant, nous aurions voulu nous y arrêter plus longtemps, mais le cadre trop restreint de notre travail ne nous le permet pas.

Aujourd'hui plus que jamais on épargne, et avec plus de discernement et de suite qu'autrefois, et la différence entre le sauvage et l'homme civilisé, consiste surtout en ce que le premier n'est capable que d'un effort violent mais court, provoqué par le plaisir, la douleur ou la passion du moment, « tandis que le second seul est capable d'un travail soutenu, opiniâtre, alors même qu'aucune cause présente ne semble l'y déterminer, en vue de s'assurer un avenir meilleur[1] ».

Quant on observe de plus près les différentes manières d'épargner à travers les siècles, depuis l'épargne du sauvage qui ne connaît encore l'échange jusqu'à celle qui est en honneur de nos jours, on arrive à en distinguer trois phases, qui correspondent à trois étapes de la vie économique des peuples. La première phase qu'on peut appeler la phase de l'épargne primitive, est celle où l'homme, instruit des besoins con-

1. M. Jourdan. *Épargne et Capital*, p. 51.

tinuellement renaissants de sa nature, se contente d'un plus maigre souper, pour pouvoir garder quelque chose pour le lendemain ; c'est la première et la plus rudimentaire forme de la prévoyance, qui consiste à soustraire à la consommation journalière certains objets, les conserver, les accumuler en vue des mauvais jours. Du moment où l'on comprend que l'on a avantage à se donner mutuellement ce que chacun a de trop, c'est-à-dire du jour où l'échange existe, l'épargne se transforme : au lieu de porter sur certains objets de consommation, elle porte sur des instruments de travail qui les remplacent avantageusement et viennent doubler la force de production de celui qui s'en sert ; c'est la seconde phase de l'épargne.

Il est inutile d'insister longtemps pour démontrer la supériorité de cette seconde forme de l'épargne sur la première ; il suffit de dire que la première correspond à l'époque où l'homme, dénué de tout instrument, n'a que sa force musculaire et l'habileté que la faim lui suggère pour s'emparer des animaux ou pour arracher les racines qui lui servent de nourriture : et que dans la seconde période l'homme est déjà armé de quelques instruments fort imparfaits sans doute, mais qui n'en sont pas moins d'une grande utilité ; c'est l'époque où l'homme a inventé un arc et des flèches pour chasser, et même quelques instruments de pierre pour attaquer avec plus de chance de réussite les animaux, et celui qui le premier a inventé ces outils en a cédé des pareils à ses voisins contre des objets dont il avait besoin.

Enfin troisième et dernière phase, celle où une commune mesure des valeurs est connue, la monnaie et nous entendons par là la monnaie métallique, l'épargne se perfectionne de nouveau ; l'épargnant a désormais la faculté de choisir le moment où il lui convient de transformer ses épargnes en instruments de travail, n'étant plus obligé comme jusqu'alors, de tâcher de se défaire de ses produits au plus vite, avant qu'ils se soient détériorés.

Il suffit de comparer la peine extrême que se donne l'homme des premières époques, pour subvenir à ses besoins et le peu de produits qu'il obtient de ses efforts, avec la considérable force de production de l'homme moderne aidé par les instruments, par les machines, qui ne sont en dernière analyse que du travail accumulé de l'épargne autrement dit, pour comprendre combien il est important d'étudier le mécanisme de l'épargne qui, il ne faut se tromper, est au fond la condition indispensable de tout progrès, de toute civilisation.

Regardons ce qui se passe encore chez les peuples restés dans la barbarie primitive ; la misère y est générale, les êtres qui les composent sont nus, affamés, en proie à des besoins meurtriers ; et sans aller si loin, si l'on jette les yeux sur les classes déshéritées, où le vice et la misère font des ravages, la situation est aussi terrible. Comment les sauvages sont-ils sortis de leur misère ? comment les pauvres sont-ils arrivés à s'élever au-dessus du milieu où ils croupissaient? Ce n'est que par l'énergie; l'énergie appliquée au travail ayant pour effet de doubler les produits, et l'énergie employée à vaincre les tentations de dépense qui constitue l'acheminement vers le capital.

Parmi ces sauvages, parmi ces pauvres, il s'en est trouvé d'assez avisés pour mettre de côté quelques parties de leur produit, puis à l'aide de ces économies ils se sont forgé des instruments de travail, qui leur promettaient de faire un meilleur emploi de leurs forces, et produisaient un accroissement de ressources; ceux-là ont été les premiers riches, à leur profit s'est rompu l'égalité dans le dénûment et la misère.

C'est ainsi que des rangs dans lesquels tous sans exception souffraient, se sont élevés les hommes qui les premiers ont su prévoir et amasser des capitaux, grâce auxquels ils ont imprimé au travail un puissant essor, et l'ont rendu de plus en plus productif.

CHAPITRE II

REPROCHES ADRESSÉS A L'ÉPARGNE

Malgré cette importance considérable de l'épargne, malgré les bienfaits qu'elle reverse sur l'humanité, il s'est trouvé des philosophes et des publicistes pour lui contester son utilité, d'aucuns même pour lui faire des reproches d'immoralité, d'égoïsme; et ceux qui sont convaincus de la fécondité de son principe, ne paraissent pas avoir mis à sa défense autant de chaleur et de ténacité, que ceux qui l'ont attaquée.

Cette tiédeur s'explique en partie par cette observation que: « plus on avance dans l'intelligence de la vérité, moins on éprouve le besoin d'une attaque directe contre l'erreur, tant elle nous apparaît dénuée de force et de consistance [1] ».

Ainsi, il y eut des philosophes de différentes écoles qui ont méconnu le mérite de l'épargne et des richesses, les Stoïciens surtout, qui érigèrent l'indifférence, le mépris à l'égard des richesses en doctrine. Il serait oiseux de nous arrêter longtemps, pour démontrer où de pareilles doctrines mèneraient l'humanité.

Quand on est convaincu que tout progrès, qui est un pas de plus vers le bien-être du plus grand nombre, est dû au concours constant et simultané du travail et de l'épargne, on n'a pas beaucoup de peine à comprendre que mépriser l'épargne, la richesse, prêcher l'impassibilité, l'absolu détachement des choses terrestres, c'est condamner l'humanité sinon à retourner à son point de départ, où l'égalité se rétablirait dans la misère, tout au moins à rester stationnaire.

D'autres ont cru pouvoir dire, que la religion chrétienne condamne les richesses comme dange-

1. Jourdan, *op cit.*, p. 379.

reuses et méprisables. Cela est inexact, car la religion ne fait qu'enseigner la charité, et c'est là peut être son plus beau titre de gloire aux yeux de l'humanité ; mais l'économie politique n'y est pas opposée, tout ce qu'elle cherche c'est de mieux diriger cette charité, pour qu'elle ne produise pas plus de misères qu'elle n'en épargne, comme elle fait très souvent quand elle agit sans discernement. Un autre enseignement de la religion, c'est la renonciation, mais par là on entend le dévouement, le sacrifice, choses que l'économie politique ne défend pas, car elle n'a jamais raisonnablement pu mettre les richesses au-dessus de la vertu ; ce qui ne l'empêche pas de reprendre ses droits quand elle proclame, que le seul remède infaillible qu'elle connaisse contre la misère, c'est la prévoyance et l'épargne.

Nous ne parlerons que pour mémoire de socialistes qui, ayant passé condamnation sur le capital, ne peuvent faire autrement que d'accuser l'épargne de contenir en germe tous les maux de l'humanité. Ils voient aujourd'hui le capital exister en grande masse, et ils disent que le capital étant inerte et ne pouvant rien produire sans le travail, il est injuste de lui attribuer une part du produit de cette coopération. On oublie trop de quelle manière s'est formé ce capital, on ne veut pas se rendre compte que ce n'est que par l'épargne incessante, par l'épargne de tous les moments et qui dure depuis des siècles qu'on est arrivé à former, maintenir et accroître ce capitale objet de tant de convoitises.

Mais, est-ce à dire que l'épargne ne peut donner lieu à des abus?

Toute épargne mérite-t-elle d'être encouragée? Il est certain qu'il y a des limites pour elle aussi; qu'au delà d'une certaine mesure, elle est nuisible non seulement à l'individu qui s'y livre avec excès, mais à la société même.

« L'homme est une force qui se dépense et se répare, qui produit et consomme[1] » et dans l'accomplissement de cette évolution flux et reflux de la vie trois cas peuvent se présenter: ou il y aura équilibre, la consommation égalera la production, l'état de la société sera stationnaire, ou l'homme dépensera plus qu'il ne produit, la société marchera vers la ruine et la mort, ou bien ce sera la production qui dépassera la consommation. C'est là le fait habituel des sociétés en progrès, des sociétés qui, à chaque moment accusent un nouvel accroissement de vie, et donnent un constant développement aux moyens de production.

Examinons dans quelles limites l'épargne peut se mouvoir. Il est incontestable qu'elle est limitée par le minimum de consommation nécessaire pour satisfaire aux besoins de l'existence, il est clair, en effet, qu'on n'épargne qu'après avoir pourvu aux dépenses de nourriture vêtement et abri, de telle sorte que l'é-

1. M. Frédéric Passy, *Du capital*, t. II Introduction.

pargne ne peut être conçue, que dans le cas où le revenu est supérieur à ce qu'exige le minimum nécessaire de consommation. Mais après la satisfaction de ces premiers besoins, l'épargne est-elle utile? non : l'épargne doit être une opération de jugement, un calcul de probabilités, elle doit être la jouissance raisonnée du lendemain remplaçant la jouissance immédiate sans cause. Certes, les grosses fortunes ont, en grande partie, pour cause une épargne persévérante, mais combien de fois, on aurait mieux employé ces capitaux, à l'instruction de l'épargnant lui-même ou de ses enfants, qui auraient, par la suite, retrouvé, dans les facultés ou les talents acquis de la sorte, une large compensation des avances faites. C'est surtout au point de vue de la société que l'excès de l'épargne est nuisible ; la société est en effet fortement intéressée à ce qu'il y ait le plus de capitaux possible dans la circulation, mais elle l'est encore davantage à ce que le niveau de l'instruction, de la moralité s'élève de plus en plus, et même à ce que les lettres et les arts soient cultivés sans relâche.

Il y a plus, l'épargne poussée à l'extrême est anti-économique, elle finirait par frapper de stérilité la société qui s'y livrerait à l'excès ; à ce sujet on trouve un piquant passage dans l'opuscule intitulé *Histoire de Monsieur André* de M. de Saint-Chamans.

Le spirituel écrivain imagine une société où l'économie est poussée au dernier degré, sur les conseils d'un économiste, qui met le triomphe de l'économie politique dans le bon marché et l'abondance des objets nécessaires à l'existence, sans regarder si, pour cela, le revenu des travailleurs augmente ou diminue. Le cordonnier, qui a suivi trop à la lettre les conseils donnés, va nous dire ce qu'il lui est arrivé : « J'ai fait vivre ma pauvre famille très chichement, mais c'était pour nous enrichir à coup sûr. Cette certitude nous soutenait, et nous nous sommes résignés d'assez bonne grâce. Avec l'argent que j'épargnais, j'ai acheté du cuir et j'ai pris des ouvriers ; j'ai moi-même travaillé jour et nuit. Au bout de quelque temps, je me trouvai une assez belle garniture de souliers à la maison, mais ce qui me surprenait, c'est que personne ne venait en acheter [1] ». En effet, tous les producteurs s'étant mis à épargner à outrance, les objets de consommation ne trouvaient plus beaucoup d'acquéreurs; chacun transformant ses économies en instruments de travail ou matières premières pour augmenter sa production, se trouvait en fin de compte, malgré ses économies et l'augmentation de ses produits, dans l'impossibilité ou du moins dans la difficulté de se procurer ce dont il avait besoin, faute d'avoir pu écouler ses propres produits.

Il ne faut pas oublier qu'au fond, le revenu de tout travailleur se compose de la vente des produits

1. M. de Saint-Chamans, *Traité d'Economie politique*, t. III.

de son travail, et que les diverses industries sont étroitement liées entre elles.

Par quelles règles peut-on distinguer la bonne et la mauvaise épargne? Nous n'en pouvons pas donner d'absolues, chacun est juge des raisons qu'il peut avoir pour épargner, dans des conditions où un autre ne le ferait pas ; suivant que l'on puise ses revenus à une source qui menace à chaque instant de se tarir, ou qu'au contraire on a un avenir assuré.

A cet ordre d'idées se rattache la fameuse question du luxe et de l'avarice qui a divisé, depuis les temps les plus reculés, tous ceux qui s'en sont occupés, philosophes, poètes ou économistes.

Les poètes paraissent avoir pris la défense des prodigues, ainsi La Fontaine dit :

> La république a bien affaire
> Des gens qui ne dépensent rien
> Je ne vois d'homme nécessaire
> Que celui dont le luxe épand beaucoup de bien.

Les économistes au contraire ont en général montré plus d'indulgence pour l'avarice ; c'est qu'en effet celui qui amasse des trésors sans y toucher, même pour ses besoins personnels, paraît à première vue faire œuvre méritoire ; il constitue des capitaux qui plus tard pourront servir à la production, œuvre que l'école chrématistique, qui poursuit l'accumulation des capitaux par tous les moyens, était toute disposée à admirer et à donner en exemple.

Sans vouloir nous engager à fond dans cette discussion qui est loin d'être close, et un peu en dehors de notre cadre, nous voulons toutefois faire remarquer que si les poètes et avec eux l'opinion publique sont favorables aux prodigues, c'est que l'avarice et la cupidité sont trop souvent les compagnes de l'habitude d'épargner; tandis que au contraire le désintéressement, la générosité et autres beaux sentiments sont assez fréquents chez les dissipateurs.

En somme nous partageons l'avis du Dante, qui dans son Enfer met sur le même pied les prodigues et les avares, et nous apprend qu'ils subissent le même sort; en effet la prodigalité comme l'avarice sont nuisibles au même degré à la société et à l'individu. Comme nous l'avons dit, tout est relatif dans ces questions, quand on les envisage au point de vue d'un individu particulier; mais généralement, il est certain que celui qui gaspille sa fortune dans de folles dépenses et donne ainsi une fausse direction à la production, est tout aussi condamnable que celui qui, par étroitesse d'esprit, se refuse toute jouissance de nature à développer ses facultés, dont il pourrait par la suite tirer un meilleur emploi.

Quand on passe condamnation sur la prodigalité, il faut au moins le faire avec cette réserve, que les revenus ne doivent pas être toujours destinés à un emploi industriel; dans le cas contraire. l'épargne cesserait d'être un moyen pour devenir un but, on épargnerait non plus pour augmenter le bien-être, mais simplement pour épargner, ce qui serait une œuvre dépourvue de toute raison.

Dans cet ordre d'idées nous devons faire remarquer la profonde différence qu'il y a entre les populations des villes et celles des campagnes ; les premières se distinguent particulièrement par une très grande imprévoyance, on peut leur reprocher souvent l'inconduite et surtut l'abus des boissons alcooliques, qui est un véritable fléau dans certaines contrées ; les secondes, au contraire, poussent l'amour de l'épargne à un tel excès, qu'elles prennent souvent sur l'absolu nécessaire, pour assouvir leur passion d'arriver à posséder un lopin de terre ou arrondir celui qu'elles possèdent déjà.

Cette différence s'explique aisément du reste ; l'ouvrier des villes a plus de difficultés à surmonter pour mettre quelque chose de côté, il lui faut plus d'efforts soutenus, plus de force morale pour résister à des tentations, à des entraînements, que l'ouvrier agricole ignore même.

D'ailleurs ce n'est là qu'une des multiples raisons qui produisent cette différence, et que nous aurons l'occasion de développer plus loin.

CHAPITRE III

CIRCONSTANCES QUI INFLUENT SUR L'ÉPARGNE

Une des conditions essentielles pour le développement de l'épargne est la sécurité ; on ne travaille pas de bon cœur, on ne s'ingénie pas à trouver des combinaisons nouvelles pour tirer un meilleur profit de ses efforts, quand on n'est pas sûr de pouvoir disposer en toute liberté, en toute sécurité des résultats obtenus. Sans sécurité, pas de travail si ce n'est au jour le jour, pas d'esprit d'entreprise ; on met bien de côté quelque chose, mais on ne fait pas valoir cette épargne, on ne la transforme pas bien volontiers en instruments nouveaux, qui viennent augmenter la production ; on se préoccupe avant tout de donner à la richesse une forme qui permette de la dissimuler, de l'enfouir pour la soustraire aux dangers continuellement menaçants.

En traçant les différentes phases de l'épargne, nous avons indiqué succintement les mauvais effets produits par l'arbitraire, les troubles et les dévastations des époque reculées. Mais sans remonter si haut dans l'histoire, sans rechercher ce qui se passe encore sous nos yeux chez les peuples à demi sauvages ; où l'instabilité et l'anarchie portent atteinte constamment à la propriété et à la vie même des individus; nous n'avons qu'à considérer ce qui se passe chez les peuples les plus civilisés, lorsqu'à la suite de troubles politiques ou sociaux, l'inquiétude et l'insécurité dominent dans les transactions et même dans le travail; on ne se préoccupe pas de donner à l'épargne une destination utile à la production qui est paralysée, on cherche à réaliser les capitaux sous forme de monnaie, toutes les marchandises baissent de prix. On préfère vivre sur son capital que d'en tirer profit, la production se ralentit et le travailleur loin de pouvoir augmenter ses épargnes est réduit à les entamer, ne trouvant plus de travail, ou étant obligé de se contenter d'un salaire insuffisant.

L'effet des crises est tellement sensible sur la production, sur les affaires, que plus d'une fois on s'est vu dans la nécessité de mettre un terme aux crises politiques et surtout aux crises parlementaires, de se contenter de solutions provisoires, pour ne pas trop léser les intérêts de l'activité nationale. Ce sont là des trêves imposées aux questions brûlantes de la politique dans l'intérêt des affaires, dont quelques-unes paraissent appelées à passer à la postérité, comme formant autant de chapitres de l'histoire parlementaire.

Une autre circonstance qui a une très grande influence sur l'épargne c'est la possibilité, la facilité mise à la portée de l'épargnant de donner à ses économies un emploi concret, un emploi matériel qui parle à son-

imagination tout en répondant à ses plus légitimes désirs. C'est à ce point de vue que la distinction entre l'épargne directe et l'épargne indirecte a une grande importance.

L'épargne directe a un grand avantage sur l'épargne indirecte, elle est concrète, elle apporte avec elle sa récompense immédiate; de cette façon elle est très attrayante et n'a presque pas besoin de stimulants étrangers pour être pratiquée avec enthousiasme.

« La terre, dit M. Ad. Coste, est pour le pionnier, pour le paysan, une caisse d'épargne toujours prête, dont les guichets sont ouverts à toute heure, qui reçoit les moindres versements, sans aucune formalité, et qui paye toujours l'intérêt parfois minime mais certain de ce qu'on lui donne [1] ». L'épargne indirecte n'a pas ces avantages, tout ce que le possesseur de quelques petites économies peut faire, c'est de les placer à la caisse d'épargne ou acheter un titre de crédit, pour leur faire produire un intérêt, en attendant qu'elles soient assez considérables pour en faire l'emploi auquel il les destine.

Mais un livret de la caisse d'épargne, un titre de crédit, sont choses bien abstraites, cela ne parle pas à l'imagination, et celui qui à force de travail et d'efforts incessants, est arrivé à économiser quelques centaines de francs, n'a pas une bien grande satisfaction, en voyant son titre lui rapporter au bout de l'année de

1. M. Coste: *Hygiène sociale contre le paupérisme*, p. 50.

trois à quatre pour cent d'intérêts. Il y trouve même un motif de découragement, s'il compare à la modicité de l'intérêt acquis la longue durée d'efforts que ce capital lui a coûté, et surtout s'il pense aux efforts qu'il devra faire pour amasser le nécessaire pour satisfaire aux besoins de sa vieillesse.

On a été si frappé de cette infériorité de l'épargne indirecte à ce point de vue, que l'on a essayé d'y remédier en employant divers stimulants. Ainsi la société de Mulhouse considérant qu'un bon logement est de nature à contribuer à l'amélioration du sort de l'ouvrier, lui rendant son intérieur attrayant, a mis à la disposition des ouvriers des maisons construites, qu'elle leur cède à la condition de faire un certain versement au moment de la prise de possession, et d'acquitter le surplus par annuités. C'est là un système fort recommandable, car s'il est certain que celui qui épargne à toujours un but vers lequel il tend, il n'est pas moins vrai que ce but est généralement fort difficile à atteindre par cette raison même que, pour y arriver, il faut passer d'abord par des placements un peu trop abstraits, et qui ne sont pas personnifiés comme dans l'exemple que nous venons de citer; ensuite depuis les premiers sous amassés jusqu'à la complète formation du capital nécessaire, il y a fort souvent un très long laps de temps à courir, le courage peut manquer et les tentations de dépenses sont bien nombreuses!

Donc si à côté de l'immense attrait de l'objet que

l'on désire, on ajoute certaines combinaisons de crédit, l'épargne est stimulée d'une façon réelle.

Le crédit aussi agit puissamment sur l'épargne, mais on peut dire qu'il vient plutôt en aide à l'attrait produit sur l'épargnant par l'objet qu'il convoite. Combien de petits industriels doivent-ils à ce moyen leur outillage, payé pour acomptes chaque mois ou même chaque semaine, avec des économies qui sans cela auraient été dépensées infructueusement.

Donc plus le profit qu'on peut tirer de l'épargne est immédiat tangible, plus l'effort sera soutenu, et en sens inverse l'épargne languit les efforts s'émoussent, lorsque l'avantage d'épargner devient insensible, ou si peu sensible qu'il ne contrebalance pas assez le désir de consommer immédiatement. Cela peut arriver lorsque l'art industriel est impuissant à procurer un emploi productif à une somme de capitaux plus grande, que celle qui existait auparavant. C'est là du reste une simple hypothèse, qui ne paraît nullement appelée à se produire, tant qu'il y aura une œuvre sinon nécessaire du moins utile à accomplir dans l'intérêt de l'humanité.

CHAPITRE IV

ÉPARGNE LIBRE ET ÉPARGNE OBLIGATOIRE

Une des questions les plus discutées est celle de

savoir si l'épargne doit être libre, volontaire, ou s'il vaut mieux établir l'obligation d'épargner. Nous n'hésitons pas un instant à nous ranger du côté de la liberté de l'épargne, et nous croyons que la notion même de la prévoyance, dont l'épargne est la première manifestation, jure avec toute idée de contrainte.

En effet dans l'acte de l'épargne il y a deux choses bien distinctes à considérer, il y a d'abord le côté matériel, la somme qu'on a soustraite à la dépense et qui est destinée à assurer pour les vieux jours un morceau de pain ou à augmenter la production ; et il y a aussi le côté moral qui est peut-être d'une plus grande importance, et ce côté moral de l'épargne ne peut se retrouver que dans l'épargne consciente, celle qui procède de la volonté ferme et éclairée de l'épargnant. « Deux sous épargnés par l'ouvrier dit M. Em. Levasseur font dix fois plus pour son bien-être et cent fois plus pour sa moralité que dix sous ajoutés à sa journée [1]. »

Il est en effet incontestable, que chaque progrès dans la voie de l'épargne entraîne avec lui un accroissement de dignité personnelle, d'indépendance et de valeur morale chez l'épargant ; mais pour qu'il produise tout son effet ce progrès doit être conscient, et par conséquent son auteur libre et responsable de ses actions. Une épargne dissimulée sous le couvert d'une donation faite par le patron, une épargne imposée

1. M. Em. Levasseur, *Histoire des classes ouvrières en France*, t. II, p. 419.

par un règlement de fabrique, peut encore avoir une certaine utilité pour améliorer matériellement le sort des ouvriers ou employés ; mais ce sont là des combinaisons trop artificielles, qui excluent trop l'énergie et le libre arbitre de celui dont on veut améliorer le sort. Cette épargne n'est pas accompagnée, à toute heure, de cette joie secrète, de cette sécurité croissante, de cet espoir grandissant qui sont les véritables compensations des sacrifices accomplis et les meilleurs soutiens de l'avenir.

En un mot pour que l'épargne puisse produire tous les effets dont elle est susceptible, il faut qu'elle soit le résultat d'une volonté éclairée et persistante ; vouloir la rendre obligatoire c'est transformer le caractère de la prévoyance, et la remplacer par une assistance légale, qui opprimerait autant les ouvriers que les patrons auxquels on l'imposerait.

CHAPITRE V

EFFETS DE L'ÉPARGNE

L'épargne, nous l'avons déjà dit, doit être considérée comme un moyen, non comme un but, ou plutôt comme le premier terme d'une progression ascendante, dont les diverses étapes seraient : l'assurance contre les mauvais jours, le chômage ou les maladies, l'accroissement des produits du travail par un meilleur outillage, qui conduirait à l'entreprise en passant par l'étape indispensable la création d'un crédit.

Ce n'est qu'après s'être rendu compte de la puissance merveilleuse de l'épargne libre, qu'on peut juger de la véritable valeur d'une épargne qui serait produite par la contrainte. Et le jour où l'ouvrier se verrait à la tête d'un petit capital, sans pouvoir se rendre compte de la façon dont il lui est échu, il serait fort en peine de lui trouver un emploi productif. Aussi a-t-on compris que, sous la forme de l'épargne, l'obligation à la prévoyance n'a pas beaucoup de chances de réussite, et c'est surtout sous la forme d'assurance que des projets de lois sanctionnant le principe de la prévoyance obligatoire, ont été proposés et même adoptés dans certains pays.

Dans le cours des développements que nous avons donnés, nous avons vu l'influence que l'épargne peut avoir sur ceux qui s'en font une habitude ; nous avons surtout insisté sur les qualités morales qu'elle met en mouvement et qu'elle développe. Nous avons vu l'épargne réveillant la conscience, élevant la dignité et finalement constituant l'indépendance de ceux qui la pratiquent.

Si l'épargne est une vertu économique pour le riche, elle est une obligation étroite pour le pauvre ; renversant un adage connu, on a pu dire avec autant d'esprit que de justesse « pauvreté oblige », en effet la liberté, l'indépendance politique et sociale, ne peuvent s'acquérir qu'au prix d'un constant souci de l'avenir, de circonspection dans les entreprises et de modération dans les dépenses. Tant que l'ouvrier ne fait que gagner par son travail juste de quoi s'entretenir, il n'avance pas, il est en lutte quotidienne avec les besoins, et le moindre événement, le moindre malheur, est de nature à le plonger dans la misère; mais sitôt que, par des efforts nouveaux, il produit davantage, ou par des privations il arrive à pouvoir réserver une partie de son salaire; dès ce moment il avance dans la lutte, avec plus de confiance, et en même temps avec plus de chances de réussite; il voit se rapprocher le moment de la victoire, il peut peser de toute la force de sa volonté sur le règlement du prix du salaire, surtout si sa volonté éclairée par la raison, instruite par les notions économiques, se sent appuyée sur des économies qui lui permettent de pousser ses justes revendications plus loin qu'à une simple menace de refuser le travail.

L'épargne se trouve donc constituer une des conditions que les classes ouvrières doivent remplir, pour pouvoir influencer sur la fixation du prix de la main-d'œuvre ; conditions que M. Beauregard résume ainsi : « une élite nombreuse, ayant des besoins développés, mise par l'épargne en possession d'une certaine, aisance, instruite et bien renseignée [1]. »

1 M. Beauregard, *Essai sur la théorie du salaire*, p. 301.

L'épargne personnelle donc, à son point de départ, est éminemment sociale dans ses effets, elle peut servir la justice lorsqu'elle se met à la défense d'une bonne cause. C'est là ce qui lui constitue un titre à la sollicitude des économistes et des hommes d'État, surtout quand on considère qu'entre le bien-être d'un peuple, et le degré de liberté dont il est susceptible, il existe une relation manifeste; et la sécurité publique sans laquelle il n'y a pas d'essor possible dans l'industrie, trouve la meilleure garantie dans les goûts paisibles et réglés des populations.

L'épargne en numéraire est peut-être la moins importante, c'est pourtant celle qui a donné lieu au plus grand nombre d'études, qui a suscité plus de mesures pour assurer le développement et le fonctionnement des institutions appelées à la recueillir. Nous avons donné du reste les raisons de cette sollicitude particulière pour l'épargne du salarié, ce sont, avons-nous dit, les occasions de dépense, les tentations qui sont plus nombreuses dans ce cas, et par conséquent le besoin de stimulants se fait plus sentir. C'est pourquoi nous devons applaudir à ce point de vue, à la multiplication des caisses d'épargne et autres institutions appelées à recueillir les moindres économies, et à la simplification de leur fonctionnement.

DEUXIÈME PARTIE

Des Caisses d'épargne.

CHAPITRE PREMIER

NATURE ET RÈGLES FONDAMENTALES DES CAISSES D'ÉPARGNE.

Parmi les institutions de prévoyance, celles qui ont le plus réussi sur tout le continent et spécialement en France, sont les caisses d'épargne. On s'explique difficilement au premier abord ce fait, car il est certain que, s'il est désirable pour un travailleur de se constituer un capital pour s'en servir dans l'œuvre de la production, il n'en est pas moins vrai que c'est là un résultat moins urgent, moins essentiel et en tout cas plus difficile à atteindre, vu la modicité des économies sur lesquelles un ouvrier peut compter, que les résultats obtenus par la mutualité. Mais on s'explique jusqu'à un certain point ce résultat, quand on observe que l'idée d'assurance par la société de secours mutuels ou toute autre combinaison, exige la notion de l'association de plusieurs dans le but de résister ensemble à certains événements, notion plus complexe que celle de l'épargne, qui consiste à mettre de côté le superflu d'une journée pour les besoins futurs. Qu'ensuite même, en supposant cette notion de la mutualité très répandue dans les classes populaires, elle avait à combattre l'idée de propriété, idée profondément enracinée chez l'homme, et qui, par son intensité, nuit très souvent aux combinaisons de mutualité et d'assurance, qui toutes sont basées sur une pensée de fraternité et d'assistance mutuelle. Elle avait à combattre en outre cette tendance à laquelle tout le monde est enclin, de compter toujours sur la bonne chance plutôt que sur la mauvaise. C'est à ces considérations que le rapide développement des caisses d'épargne est dû, et en outre aussi à l'encouragement que les publicistes et les législateurs ont donné plus particulièrement à ce genre d'institutions.

La caisse d'épargne répond à un grand besoin, car si le propriétaire qui reçoit ses revenus est bien souvent embarrassé pour placer ses économies, malgré la connaissance qu'il a des différentes institutions financières et ses loisirs qui lui permettent de rechercher les emplois sûrs, et les surveiller; le travailleur qui met de côté quelques sous par jour, qui arrive à force de privations à constituer à la fin de sa semaine quelques francs, ne pourrait tirer aucun parti de cette faible somme; s'il ne trouvait à sa portée une caisse d'épargne ou une banque méritant confiance, et qui veuille bien se charger de garder et faire fructifier ses modestes économies, qu'il finirait toujours par être tenté de dépenser dans des consommations assez souvent futiles sinon malsaines. Dans le cas le plus heureux, c'est-à-dire s'il est plus fort que toutes les tentations, s'il sait imposer silence à ses passions, et quelquefois même aux besoins les plus légitimes, et qu'il ne gaspille pas ses économies, il est obligé de les garder improductives, enfouies dans le légendaire bas de laine.

C'est donc aux travailleurs que la caisse d'épargne est venue rendre un immense service, en facilitant la réunion des petites économies, en remplissant l'office d'un « réservoir où se déversent et s'accumulent les moindres économies et où les déposants peuvent puiser si le besoin l'exige [1]. » C'est en se plaçant à ce point de vue, qu'on a pu comparer ingénieusement la caisse d'épargne à un appareil condensateur, dont la fonction consisterait à condenser les moindres gouttes de capital, et les empêcher ainsi de s'évaporer.

Les caisses d'épargne ont une très grande influence économique sur la société où elles sont en honneur, et une autre influence salutaire sur le moral de l'ouvrier qui est devenu leur client.

1. M. Cauwès, *op. cit.* t. II, p. 281.

Parlons d'abord de l'influence économique. Cette influence est facile à saisir, si l'on jette les yeux sur un tableau statistique, indiquant les sommes qui constituent l'avoir des caisses d'épargne aujourd'hui ; on voit là un immense capital qui, sans ces institutions, serait en grande partie perdu pour la production, en admettant même qu'il se fût formé aussi abondamment. Ce sont donc ces petits versements qui, à considérer chacun à part, sont presque insignifiants, mais au total forment un capital considérable qui, attirés par l'appât de l'intérêt qui leur est servi, sont ensuite lancés dans la circulation et employés d'une manière productive.

Les caisses d'épargne produisent donc ce premier résultat, de faire sortir de toutes les cachettes les réserves métalliques qui restaient inactives, et en les groupant les rendre aptes à servir à l'œuvre de la production. Elles ont donc rendu un très grand service à la société, si intéressée à ce que le plus de capitaux possible soient jetés dans la circulation.

Quant au côté moral de l'influence des caisses d'épargne, il est encore plus remarquable. Il nous suffit de dire que ces caisses exercent un attrait considérable sur l'épargne populaire, épargne qui est faite sur des dépenses au moins inutiles sinon préjudiciables à la santé et à la moralité, épargne qui nécessite une lutte quotidienne avec les désirs et les passions, qui exige de l'ordre de la bonne conduite et de l'abstinence. Et comme c'est le premier pas qui coûte, l'ouvrier qui s'est laissé persuader de porter une première fois ses petites économies à la caisse dépargne, y retournera certainement ; l'épargne nécessite une épargne nouvelle, qui est un autre travail d'empire sur soi-même et d'énergie. Bref les facultés physiques, intellectuelles et morales sont mises en jeu, pour assurer l'indépendance et la marche graduellement ascendante du travailleur vers une situation meilleure.

Cette incontestable utilité des caisses d'épargne étant indiquée, il nous faut exposer les principales règles organiques, qui sont de nature à assurer le développement de ces institutions ; après quoi nous passerons en revue ce qui a été fait pour l'épargne populaire en France et dans les principaux pays de l'Europe, et nous indiquerons quels sont les points les plus discutés et quelles sont, d'après nous, les solutions à adopter et les nouveaux progrès à accomplir.

Les règles fondamentales des caisses d'épargne découlent naturellement du but même que ces institutions se proposent ; commençons par déduire ces règles, nous les développerons ensuite. Nous n'avons qu'à nous rappeler ce que nous avons dit, sur l'extrême importance qu'il y a pour les travailleurs de trouver, à leur portée, une caisse qui accepte leurs moindres dépôts, pour comprendre que la condition capitale pour l'existence et le progrès des caisses d'épargne, est d'employer tous les procédés pour attirer à elle ces économies ; nous avons donc, comme première et très importante règle fondamentale, celle-ci : guetter, saisir au vol pour ainsi dire les moindres gouttelettes de capital, dont les travailleurs peuvent disposer.

Comme contre-partie de cette règle, il y a l'obligation pour la caisse de se mettre en mesure, pour pouvoir répondre aux demandes de remboursement, cela d'autant plus que les sommes déposées sont presque toujours le seul avoir du déposant, et qu'il peut être obligé d'y recourir souvent. Nous aurons donc, comme seconde règle : obligation pour la caisse de rembourser, dans les plus courts délais possibles, les dépôts.

En examinant pourquoi le paysan ou l'ouvrier, qui ont fait quelques économies, ne cherchent pas à les placer dans des effets publics ou tout autre placement, et aiment mieux les garder enfouies ; on trouve que la cause principale est leur ignorance des rouages de ces institutions, et par conséquent leur manque de confiance.

Nous serons donc amené à voir qu'il y a une troisième règle pour les caisses d'épargne : il faut que ces institutions inspirent confiance aux déposants ; il faut que le déposant n'ait aucune crainte pour son petit pécule, qu'il ait la certitude que le jour où, étant arrivé à se constituer un petit capital, il voudra le reprendre, il le trouvera là augmenté de l'intérêt qu'on lui alloue, et que généralement il s'est bien gardé de toucher.

Ensuite, et comme corollaire de cette dernière règle, les caisses d'épargne doivent permettre l'accumulation de ce petit pécule dans certaines limites raisonnables, pour que l'épargnant puisse tenter avec quelques chances de réussite, un placement sérieux de ce capital.

Donc, en résumé quatres règles fondamentales : 1) facilités pour les dépôts ; nous devrions dire plutôt que les caisses doivent faire tout leur possible pour attirer les dépôts ; 2) sécurités des dépôts ; 3) facilités pour le remboursement. 4) un maximum raisonnable pour l'accumulation des dépôts. Quant à la question de l'intérêt à servir aux déposants, quoiqu'elle ait son importance, nous croyons qu'elle est un peu plus secondaire ; les déposants cherchant avant tout, un asile sûr pour leurs économies, et même une garantie contre leur propre entraînement ; nous nous bornons à cette indication pour le moment, ayant l'occasion d'y revenir plus tard.

Étudions avec un peu plus de détails, chacune de ces quatres règles que nous venons d'esquisser :

1) *Facilités pour le dépôt.* C'est la première de ces règles, et celle que nous considérons comme la plus importante, nous l'avons déjà dit ; elle a trait aux facilités accordées pour les dépôts, et par là nous enten-

dons : simplicité des formalités de comptabilité, fixation d'un minimum de dépôt assez faible, pour que le premier effort ne soit pas trop pénible pour l'épargnant, et aussi et surtout multiplication des bureaux d'épargne.

Nous n'aurons pas à nous étendre beaucoup sur les formalités du dépôt, il suffit de dire que moins on fera perdre de temps à l'ouvrier, moins les formalités seront compliquées, mieux cela vaudra; car il ne faut pas que l'épargnant soit rebuté par les difficultés, et qu'il n'ait que trop de raison de faire cette réflexion, que le concurrent le plus redoutable de la caisse d'épargne, le cabaretier, ne fait pas tant de formalités pour encaisser son argent.

La question du minimum de versement a certainement son importance, car ici comme dans toute chose, c'est le commencement qui est difficile ; faciliter donc le premier dépôt, c'est assurer un nouveau client à la caisse d'épargne ; mais les difficultés inextricables de comptabilité qu'aurait entraîné un minimum trop faible, a forcé les caisses à fixer un minimum qui varie suivant les pays, mais qui ne descend généralement pas au-dessous d'un franc. C'est peu de chose, dira-t-on, un franc, cela est vrai, mais en tenant compte du taux des salaires des classes auxquelles s'adressent les caisses d'épargne, ce chiffre est encore trop élevé; aussi pour aider à la propagation du goût de l'épargne en attendant que ce goût se transforme en habitude; on s'est ingénié à trouver divers moyens pour assurer le drainage des moindres économies.

L'Angleterre a donné l'exemple à cet égard avec ses *penny-banks* (banques d'un sou), institutions qui complètent si heureusement les caisses d'épargne, et dont la seule ambition est de préparer à l'épargne les petits, les modestes, ceux qui ne peuvent pas du premier bond atteindre la caisse d'épargne.

Ce qui prouve l'incontestable utilité et par conséquent la nécessité de ces institutions, c'est que la seule ville de Glascow comptait il y a quelques années 210 *penny-banks* qui récoltaient environ un million par an.

Ces institutions sont restées jusqu'ici inconnues sur surle continent, où l'on a cherché dans une autre voie le moyen de parer à cet inconvénient des caisses d'épargne.

Cet autre moyen paraît être aussi d'origine anglaise : un fonctionnaire des postes M. Ch. Dibdin a imaginé une combinaison qui consiste à mettre à la disposition du public, dans tous les bureaux de poste, des cartes d'épargne sur lesquelles l'épargnant colle des timbres, et qu'il peut échanger contre un livret de la caisse postale ou autre caisse d'épargne, lorsque le montant des timbres collés, équivaut au minimum exigé pour avoir droit à un livret. Cette combinaison mise à l'essai en Angleterre en 1880, fut admise aussi par la loi hollandaise du 7 mai 1880 qui institue une caisse d'épargne postale dans ce pays, et par le décret du 30 novembre 1882 en France. Et M. Fischer racontait au congrès des Institutions de prévoyance de 1878, que ce procédé était connu et employé en Danemark bien avant 1878.

A ce point de vue, il nous faut citer aussi les caisses d'épargne scolaires, qui s'adressent à une catégorie de déposants très intéressante, mais pour lesquelles la condition première d'existence était l'admission des moindres sommes. Constatons en passant que ces caisses d'épargne scolaires ont obtenu un vif succès en France, et qu'elles influent puissamment sur les familles des petits épargnants, les décidant à porter aussi leurs économies à la caisse d'épargne.

Quant à la multiplication des bureaux d'épargne, c'est une des plus essentielles conditions de progrès. Quand il s'agit d'épargne ouvrière, il faut toujours avoir en vue que le moindre déplacement est un danger ; parce que le déplacement occasionne au travailleur une perte de temps, qui se traduit souvent par une perte d'argent, quelquefois par une dépense de transport, et que pour l'éviter le travailleur ne portera pas à la caisse un ou deux francs qu'il a amassés dans sa semaine, remettant son versement au jour où il aura une plus forte somme à déposer. Mais en se faisant ce raisonnement en apparence fort juste, l'épargnant oublie de tenir compte de l'imprévu, qui sous la forme trompeuse d'un ami qui a besoin d'emprunter, du cabaret ou de toute autre tentation, finit très souvent par lui enlever ses petites économies. Cela est tellement vrai, cela arrive si souvent, que l'un des arguments les plus puissants en faveur de l'établissement d'une caisse postale servie par tous les bureaux de poste, a été justement cette omniprésence, selon l'heureuse expression de M. Luzzatti, des bureaux de poste, qui, rayonnant sur toute la surface du pays, met à la porté de tout le monde et sans grand déplacement, la possibilité d'effectuer les moindres dépôts.

Et cela ne suffit pas encore, il faut aller plus loin dans la voie des facilités à donner aux déposants, il faut pour ainsi dire aller au-devant de l'épargnant et saisir le moment propice pour récolter les petites économies.

C'est pour cela que l'on a établi des bureaux de caisses d'épargne dans les manufactures, où les contre-maîtres servent d'agents collecteurs et après chaque jour de paye, transmettent les sommes réunies à la caisse la plus proche. Ce système a des avantages réels, car le moment le plus favorable pour faire penser l'ouvrier à l'épargne est justement le moment de la paye, de cette façon l'épargne est anticipée et se fait par un prélèvement sur le salaire destiné à subvenir aux besoins ; mais à côté de ces avantages, ce système a un inconvénient qui paraît assez grave aux yeux des ouvriers : c'est de mettre le contre-maître et par conséquent le patron, en confidence des petites économies qu'ils peuvent réaliser sur leurs salaires, ce qui pourrait lui donner l'idée de diminuer le salaire, s'il trouve que les ouvriers arrivent à mettre beaucoup d'argent de côté ; cet inconvénient est de nature à discréditer ce système, ou du moins à diminuer considérablement ses avantages.

Dans certains pays comme la Hollande, par exemple, on emploie un moyen, qu'on ne saurait trop recommander, pour attirer les petites épargnes des domestiques et autres employés à gages. On envoie des agents de la caisse, une fois par mois ou tous les trois mois, au domicile des personnes qui les emploient pour recueillir les sommes destinées à l'épargne, et de cette manière on évite les tentations, si puissantes dans ces classes, d'employer leurs économies dans des spéculations hasardeuses.

Ces agents pour lesquels la dénomination d'agents provocateurs de l'épargne est très heureuse, rendent de grands services à la cause des caisses d'épargne.

2) *Sécurité des dépôts.* — Cette condition est encore une des plus importantes, que les caisses d'épargne doivent remplir. Si pendant longtemps, trop longtemps même, le paysan, le petit industriel et l'ouvrier ont gardé leurs économies, se livrant à un simple travail de thésaurisation jusqu'au moment où ils auront atteint la somme qui leur est nécessaire pour l'emploi décidé ; ce n'est que par cette circonstance que leur manque d'expérience des affaires les

empêchait de trouver à leurs économies des bons placements ; et même s'ils en entrevoyaient quelques-uns, ils étaient assez souvent exposés à tant de dangers, qu'ils aimaient mieux garder leurs fonds improductifs que de leur faire courir le moindre risque.

Les caisses d'épargne ayant inspiré confiance, ont rendu de réels services aux classes populaires. En effet, du jour où les déposants ont bien compris que leurs dépôts seront gérés avec toutes les précautions possibles, qu'ils les retrouveront quand ils en auront besoin, ils se sont laissés convaincre à faire des dépôts, d'abord timidement et avec la peur de ne plus revoir leurs chères épargnes ; mais l'appât de l'intérêt, la conviction de plus en plus grande que ces placements sont de toute sécurité, les rendirent plus confiants. Cette confiance a atteint son maximum par la garantie accordée par l'État aux déposants qui apportent leurs économies aux caisses d'épargne postales.

Au point de vue de la sécurité offerte aux déposants se rattache la question de l'emploi que les caisses d'épargne font des sommes déposées ; ces emplois peuvent être de nature plus ou moins avantageuse, mais en même temps plus ou moins hasardeuse ; et il est certain que cela peut influencer sur les déposants. A ce point de vue on peut diviser les caisses d'épargne en deux catégories selon qu'elles ont plus ou moins de latitude, pour le placement de leurs capitaux. Il y en a qui sont des véritables banques de dépôt, qui dans les limites de certains règlements, peuvent se mouvoir en toute liberté; il y en a d'autres qui sont au fond de simples intermédiaires entre les déposants et l'État ou une autre caisse publique, qui est chargée de gérer ces fonds, et dans ce dernier cas les placements sont faits, d'une manière prescrite par une loi, et généralement peu variés.

3) *Facilités de remboursement.* Il faut que les caisses adoptent un tel mode de placement, qu'elles puissent toujours et sans grandes pertes, réaliser une partie de leur avoir au besoin, pour faire face aux demandes de remboursement. Les caisses d'épargne présentent en effet cette particularité, qu'elles doivent tenir à la disposition de leurs déposants, à vue ou au plus tard à quelques jours de la demande, les sommes qu'ils y ont déposées, et en même temps chercher à faire des placements productifs avec ces capitaux, pour pouvoir servir un intérêt à leurs clients. A première vue cette double obligation assumée par les caisses d'épargne, paraît même impossible à concilier; pourtant avec quelques arrangements dans le mode de placement, on peut se mettre en état de pouvoir réaliser au besoin une partie au moins des capitaux, pour les mettre à la disposition des déposants; en outre grâce à la clause de sauvegarde qui permet de fractionner et espacer les paiements en cas de besoin, les caisses d'épargne peuvent tout en faisant des placements assez productifs, tenir leurs engage-

ments et satisfaire aux demandes de remboursement.

4) *Maximum raisonnable pour l'accumulation des dépôts.* Quant à la question de savoir jusqu'à quelle somme les caisses accepteront en dépôt pour le compte de chaque déposant, il est certain qu'il y a quelques principes qui doivent dicter la règle à établir. Ces principes découlent du but même de l'institution, et la solution doit être en rapport avec la valeur de la monnaie et la richesse du pays. Ainsi s'il n'est pas douteux d'une part, qu'un maximum trop élevé est de nature à faire affluer dans les caisses d'épargne trop de capitaux et surcharger les caisses, en les obligeant à faire pour le compte de leurs déposants des placements qu'ils feraient bien mieux eux-mêmes; d'un autre côté il ne faut non plus fixer ce maximum trop bas, parce que cela nuirait au développement de l'épargne; car le déposant n'ayant droit de laisser accumuler ses dépôts, que jusqu'à une somme trop minime, ne verrait plus aucun intérêt à faire le dépôt et garderait ses économies chez lui, exposées à toutes les tentations.

Il faut en outre que le chiffre fixé soit assez important, pour que le possesseur obligé de retirer son capital, soit à même d'entreprendre un achat ou un placement dans d'assez bonnes conditions; et ne soit pas exposé de perdre son capital, pour avoir été obligé de commencer son entreprise avec un capital insuffisant. C'est donc là une question d'appréciation, et le chiffre pourra varier suivant les pays et les époques, du reste nous en reparlerons plus loin.

Ayant ainsi donné un résumé des principes fondamentaux des caisses d'épargne, pour faciliter l'étude comparative que nous aborderons dans un instant, nous allons parcourir les législations des principaux pays de l'Europe, sur les points les plus importants et qui sont de nature à jeter plus de lumière sur ces institutions.

CHAPITRE II

RÉGIME EN VIGUEUR DANS LES PRINCIPAUX PAYS DE L'EUROPE.

Allemagne.

C'est en 1765 que fut fondée dans le Brunswick, sous la domination de « Caisse Ducale de Prêts », la première caisse d'épargne allemande. Et la plus ancienne caisse d'épargne de la Prusse est celle de Berlin qui ouvrit ses guichets en 1818. Un règlement royal du 12 décembre 1838 provoqua la multiplication de ces établissements de prévoyance en Prusse. Les caisses d'épargne d'Allemagne furent fondée, les unes, par des particuliers, les autres par des sociétés, par les communes ou par les arrondissements; mais par contre, il n'y en a aucune fondée par l'État. Le principe sur lequel elles sont basées, est le principe de la liberté absolue, du volontarisme comme le disait M. Fischer au Congrès des Institutions de Prévoyance de 1878.

Ne pouvant entrer dans des développements sur chaque État de l'Allemagne, nous nous contenterons d'exposer la législation de la Prusse à cet égard ; du reste le principe est le même partout, liberté pour les caisses d'épargne, il n'y a que les détails qui varient dans chaque pays.

En Prusse, l'État ne se mêle en rien de la gestion des caisses d'épargne, il s'est pourtant réservé le droit de faire faire des inspections par ses agents financiers ; mais on n'use guère, paraît-il, de ce droit.

Les caisses sont absolument libres pour l'emploi de leurs fonds, elles peuvent les placer dans n'importe quel établissement financier ; en pratique, une grande partie des capitaux est placée en hypothèques sur immeubles ruraux ou urbains.

Dans les provinces du Rhin, de la Vestphalie et de la Saxe, on faisait très souvent alimenter les monts de piété avec les fonds des caisses d'épargne.

Les membres du conseil d'administration de la caisse, ont donc toute latitude pour les placements à faire, mais en même temps entière responsabilité.

En outre du capital des déposants, les caisses d'épargne de Prusse possèdent des capitaux à elles ; c'est le fonds de réserve qu'elles sont obligées de se constituer en exécution du règlement royal de 1838.

Ce fonds est composé en très grande partie au moyen des bénéfices nets réalisés chaque année, c'est-à-dire de la différence entre les intérêts servis aux déposants et ceux qu'elles retirent des placements faits. Ce fonds qui doit représenter 5 0/0 au moins du capital des dépôts a plusieurs destinations, dont la principale est de couvrir le déficit éventuel des caisses, mais il peut être aussi affecté à des dépenses extraordinaires d'intérêt général.

Avant 1833 aucun acte législatif n'avait eu à s'occuper des caisses d'épargne ; à cette époque une loi ayant pour objet de défendre l'émission d'obligations au porteur sans autorisation préalable du gouvernement fut faite ; et à cette occasion on fut amené, en ce qui concerne les caisses d'épargne, à distinguer entre celles déjà existantes, et qui avaient usé du droit d'émettre des livrets au porteur, qui continuaient à avoir ce droit ; et celles qu'on voudra créer à l'avenir, qui devront demander l'autorisation au gouvernement.

L'ordonnance du 12 décembre 1838 pose les règles générales de ces institutions dans toute la monarchie prussienne.

A partir de cette époque, il faut une autorisation du souverain pour la création de toute institution de ce genre, sauf le cas où c'est une commune qui prend l'initiative, dans quel cas c'est au gouverneur de la province à donner l'autorisation.

Cette ordonnance impose l'obligation de constituer peu à peu un fonds de réserve. Elle ne prescrit pas de maximum et de minimum ; c'est la caisse qui, d'accord avec l'autorité provinciale, fixe cela. Le livret est nominatif en principe, mais le déposant a la faculté de déclarer que le remboursement des sommes déposées sera fait au porteur du livret, tant qu'il n'y a pas fait opposition.

Quant à la manière d'employer les fonds, cette ordonnance de 1838 pose des bases assez larges, et les caisses d'épargne furent encore plus libérales dans l'application des principes admis, à tel point que l'escompte des lettres de change et autres effets de commerce tiennent une place très importante dans l'actif des caisses prusiennes.

Voici un tableau qui représente, pour l'anné 1884-85 les placements faits avec indication de la proportion de ces divers placements par rapport au capital total :

Hypothèques sur immeubles ruraux.	27,67 0/0
— — urbains.	26,52 —
Titres au porteur................	28,12 —
Billets sans répondant............	0,25 —
— avec répondant...........	6, » —
Lettres de change..............	2,28 —
Prêts sur gage.................	2,33 —
Prêts aux établissements publics...	6,62 —
Prêts non spécifiés..............	0,21 —

A partir de 1848 surgirent beaucoup de caisses d'arrondissement, qui rayonnaient sur une plus grande étendue que les anciennes, qui ne dépassaient généralement le rayon de la commune qui les avait fondées.

A l'occasion de la réforme d'une de ces caisses du cercle de Teltow, le ministre de l'intérieur, par la circulaire du 30 octobre 1873, recommande aux gouverneurs de province de prendre comme modèle, pour les caisses qu'on voudra créer ou pour celles dont on voudra modifier les réglements, le statut de cette caisse de Teltow.

Pour nous rendre compte de l'esprit dans lequel se forment ces caisses, et de la direction dans laquelle elles paraissent vouloir marcher, nous allons faire un examen sommaire de ce statut de la caisse de Teltow.

Nous y voyons que l'administration de la caisse est confiée à un conseil composé du sous-préfet (*landrath*) et deux adjoints nommés pour six ans par le conseil du cercle.

La gestion est surveillée continuellement par trois censeurs élus par ce même conseil. Il y a une limite minima pour chaque versement qui est de (cinq *silbergroschen*) un franc et un maximum pour les dépôts de (cinq cent *thalers*) près de deux mille francs.

Il y a aussi une clause de sauvegarde qui fonctionne de la manière suivante : les premiers dix *thalers* sont remboursés immédiatement après la demande, si l'on demande dix autres *thalers* il faut quatorze jours de délai; si l'on demande en une seule fois de dix à cinquante *thalers*, six semaines de délai ; et trois mois pour toute somme supérieure.

Dans les circonstances exceptionnelles les caisses sont admises, avec l'autorisation du conseil du cercle, à contracter un emprunt pour faire face aux demandes de remboursement.

Quant au mode de placement des fonds, il doit se faire d'après les mêmes principes et à peu de chose près dans les mêmes proportions, que celles indiquées dans le tableau que nous avons présenté plus haut.

Il n'y a pas en Allemagne de caisse postale d'épargne de l'Empire, quoique M. Stephan le directeur général des postes, a demandé à plusieurs reprises la création d'une pareille institution, mais il n'y a pas réussi ; parce que les divers états confédérés qui ont en général des caisses d'épargne postales spéciales, n'ont pas voulu se prêter à ce nouvel essai de centralisation de tous les rouages administratifs entre les mains de l'administration de l'Empire.

Voici un tableau indiquant le mouvement de l'épargne dans le royaume de Prusse, pendant les six dernières années connues.

Année	Caisses	Livrets	Dépôts	Moy. par livret	Moy. par habit.	Un dép. par habit.
1880	2089	2,936,055	1,991,085,362	679	73	9
1881	2193	3,091,584	2,134,323,830	710		

1882	2256	3,363,518	2,271,949,510	675		
1883	2374	3,650,613	2,457,152,831	672		
1884	2599	3,925,807	2,636,678,568	671		
1885	2803	4,209,403	2,861,166,390	671	99	7

Il résulte donc de ce tableau, que la Prusse a fait des progrès constants et très remarquables dans la voie de l'épargne; ainsi depuis 1880 la moyenne des dépôts par habitant a considérablement augmenté, et ce qui est plus important encore, la moyenne des livrets par habitants est aussi en progrès; il y a en 1885, un habitant sur sept qui a un dépôt à la caisse d'épargne, tandis qu'il n'y avait qu'un sur neuf en 1880.

Angleterre.

Les Anglais donnent le nom de *savings-banks* (banques de salut) à ces institutions, et en effet aucun nom ne pouvait être plus juste. Ce fut en 1801 qu'apparut en Angleterre pour la première fois une institution, qui ait les caractères d'une caisse d'épargne; en effet quoiqu'on trouve qu'en 1799 Miss Priscilla Wakefield avait créé une petite caisse à Tottenhaum (Middlesex) mais cette caisse avait plutôt pour but d'assurer une pension aux associés, qui avaient versé pendant quelque temps une cotisation mensuelle, et ce ne fut qu'en 1801, qu'une caisse d'épargne véritable fut adjointe à l'institution primitive.

Les premières caisses fondées en Angleterre furent

des caisses privées; et le législateur anglais, fidèle à l'esprit de sa race, qui se plaît à laisser l'initiative privée combler les vides existants, n'intervint que bien plus tard et pour consacrer législativement l'existence de ces caisses en 1817.

« C'est en 1817, en effet, dit M de Malarce, que passa au parlement la première loi organique sur les caisses d'épargne. Et cet *Act* est la première loi organique, qui fut jamais édictée sur l'institution des caisses d'épargne : elle a servi de premier modèle aux lois de tous les autres pays [1] ».

Cette loi de 1817 oblige les promoteurs des caisses d'épargne, de faire enregistrer les statuts de ces institutions par une autorité judiciaire le « *Clerk of the Peace* ». Elle limite à cent *livres sterling* le maximum du dépôt pour la première année, avec faculté d'ajouter cinquante *livres* chaque année.

Au point de vue de la gestion des capitaux, cette loi décide que les *Trustrees Savings-Banks* seront obligées de déposer leurs fonds au *National Debt Office*, qui est une institution analogue à la Caisse des Dépôts et Consignations. Cette règle est générale, mais par exception quelques caisses ayant la permission de recevoir des dépôts à d'autres titres et d'autres conditions que les dépôts d'épargne, ont le libre emploi de ces fonds.

A part ces exceptions la règle était rigoureuse ; ce-

1. M. de Malarce. *Congrès des Institutions de Prévoyance*, p. 33.

pendant parmi les administrateurs des caisses, il s'en trouva quelques-uns qui, dans le but très louable au fond, de faire produire un intérêt plus élevé aux capitaux, les placèrent dans des maisons de banque et même les employèrent dans des prêts faits à des particuliers. Certes ces agissements étaient, en dehors des considérations de légalité, des faits méritoires ; mais comme malheureusement il y a toujours un revers de médaille, d'autres administrateurs, les uns moins habiles, les autres moins honnêtes, suivirent cet exemple, et finirent par compromettre les intérêts qui leur étaient confiés.

Un jour on s'aperçut que des déficits considérables existaient dans plusieurs caisses provenant en grande partie de ces agissements ; c'est-à-dire que les sommes qui avaient été versées, et qui n'avaient pas été remises au *National Debt Office*, n'y étaient représentées que par des valeurs illusoires. Ces faits parvinrent à la connaissance publique en 1857 et immédiatement une enquête fut ouverte, elle révéla des faits scandaleux. L'émotion fut telle que le parlement, bien que les caisses d'épargne fussent responsables, crut devoir intervenir par des allocations qui montèrent à quelques millions. Une loi nouvelle fut votée, elle obligeait rigoureusement les caisses d'épargne, à déposer toutes les sommes qui n'étaient pas nécessaires à leur dépense journalière au *National Debt Office*.

En même temps M. Gladstone profitant de l'émotion

causée par ces abus, proposa et fit admettre en 1861, l'institution d'une caisse nationale d'épargne, servie par les bureaux de poste ; et c'est à la suite de la création de cette *Post office-Saving-bank* que les caisses d'épargne prirent un grande extension en Angleterre.

Cette loi de 1861 laissait leur existence aux anciennes caisses, mais en fait et dans les premiers temps surtout, un assez grand nombre de ces caisses disparurent. En effet les moins solides et celles qui étaient peu accessibles au progrès, et ne répondaient plus aux besoins nouveaux, furent obligées de fermer; mais il n'en resta pas moins une grande quantité des anciennes caisses, qui se developpèrent à côté des caisses postales.

Ainsi en 1861 il y avait 640 caisses d'épargne privées, en 1878 il n'en restait plus que 454; mais le nombre de leurs clients n'avait pas diminué et elles ont même plus de dépôts qu'en 1861 les 640 caisses ensemble. Ce qui explique que les anciennes caisses tout en restant stationnaires quant au nombre des déposants, voient leurs dépôts s'accroître ; c'est que les caisses postales visent moins à la somme qu'au nombre des déposants ; car « elles se sont proposé surtout de servir le petit monde, et de rechercher les petits dépôts autant et plus peut-être que les gros épargnants [1] ».

Le résultat de la réforme a donc été, de faire dispa-

1. M. de Malarce. *Op. cit.* p. 35.

raître les caisses mal gérées et surtout celles qui avaient été frauduleusement gérées.

D'après cette loi de 1861 on alloue un intérêt moindre aux déposants des caisses postales, parce que l'enquête de 1858 avait prouvé que sur 110 millions de francs de déficit 82 provenaient de la différence entre l'intérêt servi aux déposants et celui qu'on obtenait par les placements faits[1]. Cette diminution de l'intérêt avait en outre un autre but, on voulait constituer ainsi un fonds de réserve au profit des caisses.

Relativement au mode d'emploi des capitaux la loi de 1861 est plus libérale, elle permet, l'emploi non plus seulement en rentes consolidées ou bons de l'échiquier, mais aussi en quelques autres valeurs garanties par l'état et plus fructueuses que les rentes, comme les obligations des comités des travaux publics et de la ville de Londres.

En juin 1875 un projet de loi fut soumis au parlement par le gouvernement, il avait pour but d'unifier l'administration des caisses d'épargne, pour obvier au déficit que les anciennes caisses font subir au trésor par l'intérêt qui est alloué aux déposants ; on voulait créer une commission supérieure, qui en concentrant les sommes déposées, se chargerait de leur emploi. Les placements devaient être faits d'après ce projet non plus seulement en valeurs d'État ou ga-

1. M. de Malarce. *Moyens d'assurer et de développer les caisses d'épargne*, p. 25.

ranties par l'État, mais aussi en valeurs émises par les administrations locales. Mais ce projet, combattu par M. Gladstone, fut rejeté. Enfin une loi du 7 septembre 1880 réduit à 2,75 0/0 l'intérêt des sommes déposées aux caisses postales, et à 3 0/0 pour celles déposées aux caisses d'épargne privées.

L'Angleterre connaît à côté des caisses d'épargne, et comme des institutions préparatoires, les *penny-banks* dont nous avons déjà parlé ; et à l'égard desquelles il y a des difficultés pour déterminer leur véritable origine ; en effet les uns prétendent qu'elles sont d'origine anglaise ou danoise, d'autres au contraire soutiennent, que quelque chose de tout à fait analogue existait au Mans en 1834.

En outre le système des cartes d'épargne vient d'être expérimenté, avec un succès remarquable en Angleterre ces dernières années surtout, ainsi à la fin de l'année 1880 les caisses d'épargne avaient reçu 84,500 cartes d'épargne, qui ont donné lieu à l'ouverture de 58,000 nouveaux livrets.

Les capitaux des caisses d'épargne ont donné lieu en Angleterre, à une opération d'amortissement très curieuse. En 1855 M. Gladstone, se trouvant être ministre des finances, eut la pensée de se servir de ces fonds au profit de l'État pour diminuer sa dette ; pour arriver à son but voilà comment il s'y prit.

Il savait par expérience que s'il s'adressait au Parlement avec une loi sur l'amortissement, il risquait fort de ne pas aboutir ; alors il usa d'un subterfuge, il fit passer au milieu d'une loi de finances, un petit article qui permettait au ministre des finances, de convertir de temps en temps une partie des fonds des caisses d'épargne en annuités. Cet article passé inaperçu, il se mit en devoir de transformer, chaque année, une partie des fonds des caisses d'épargne placés en rentes perpétuelles, en annuités. Ses successeurs n'eurent pas de difficulté à continuer son œuvre, car le parlement votait toujours une certaine somme pour annuités, somme qui paraissait destinée à payer les intérêts de la dette publique ; et de cette façon depuis 1855 à 1885 on a amorti 1 milliard 250 millions de francs de la dette publique.

Quant au progrès de l'épargne en Angleterre, voici un tableau qui indique depuis 1880 à 1885 les résultats obtenus.

Année	Livrets Milliers	Montant des dépôts Millions	Moyenne par livret	Moyenne par habitant	Un livret par habitants.
1880	3,705	1,942,5	524		
1881	4,140	2,007,5	484	57	8
1882	4,412	2,090	473		
1883	4,672	2,170	464		
1884	4,916	2,265	460		
1885	5,129	2,351,5	458	63	7

Le mouvement de l'épargne suit donc une marche régulière en Angleterre ; il y a du progrès tant au point de vue de la moyenne des dépôts par habitant, qu'au point de vue du nombre des livrets par habitants.

Autriche.

La première caisse d'épargne est celle de Vienne, qui fut constituée de la même manière que la caisse d'épargne de Paris, c'est-à-dire par l'intervention d'une association d'hommes bienfaisants, qui souscrivirent le premier capital de garantie et prirent l'administration de la caisse sous leurs auspices, cette caisse est la *Erste Oesterreichische-Sparcasse.*

En Autriche de même qu'en Allemagne les caisses d'épargne sont organisées localement, le plus souvent par des sociétés, d'autres fois par des communes ou provinces et aussi par les particuliers les plus marquants, les grands propriétaires terriens ou les grands seigneurs des localités, qui ont toute l'autorité voulue pour mener à bonne fin l'administration de ces caisses et l'emploi de leurs capitaux, et qui au besoin savent réparer avec leurs propres deniers les accidents arrivés.

Les caisses d'épargne d'Autriche ont pleine liberté pour l'emploi de leurs fonds. Une ordonnance ayant force de loi fut donnée sur cette matière le 26 septembre 1844, et elle est encore la loi organique des *Sparcassen* d'Autriche. Dans chaque caisse d'épargne à côté du directeur, est institué un commissaire officiel, qui doit contresigner tout acte important du conseil d'administration de la caisse; sa signature est nécessaire pour former ce qu'on peut appeler *la firma* sociale de la caisse.

Cette ordonnance de 1844 se contente de poser des principes généraux, laissant aux caisses elles-mêmes le soin de déterminer, par leurs statuts, ce qu'elles trouvent plus conforme aux mœurs et coutumes des diverses races de populations, au milieu desquelles elles ont à opérer.

Mais comme règles fondamentales, elle impose non seulement l'approbation des statuts par le gouverneur de la province (*Landesstelle*), mais de toute modification qu'on voudrait y porter ultérieurement.

Il y a en outre ce commissaire gouvernemental, qui a pour mission de surveiller continuellement la gestion et dénoncer la moindre infraction aux règlements adoptés. Ce fonctionnaire suit de si près les opérations du conseil d'administration, que le professeur Gustave Leonhardt a pu dire au congrès des économistes de Vienne de 1873 que, du moment de la fondation d'une caisse d'épargne jusqu'à sa liquidation éventuelle, elle ne fait aucune opération de quelque importance sans l'intervention de l'État.

Les placements du capital, tout en étant très variés, sont sagement combinés, de manière que les plus terribles crises, celle de 1873 entre autres, qui sévirent sur ce pays, et ruinèrent tant d'institutions financières, n'eurent le moindre effet fâcheux sur les caisses d'épargne; aussi la confiance du peuple est absolue.

Voici quel était en 1883 le mode d'emploi des capitaux des caisses de la Cisleithanie :

Prêts hypothécaires	58,81 0/0
Lettres de change	6,08
Prêts sur fonds publics et sur gage. .	5,63
Fonds publics	12,28
Immeubles........................	0,93
Compte-courant avec des institutions de crédit............	11,63
Caisse....	2,98
Divers..........................	1,66

Depuis 1870 l'idée de rattacher les caisses d'épargne au service postal avait des partisans en Autriche ; enfin après plusieurs tentatives infructueuses, une loi du 28 mai 1882 dota l'Autriche d'une caisse d'épargne postale. Elle fut inaugurée le 12 janvier 1883 par l'empereur qui, pour témoigner toute sa sollicitude pour les classes travailleuses, a personnellement ouvert le premier compte.

Un règlement d'administration suivit cette loi, pour autoriser le placement des capitaux de la caisse postale en fonds d'État, et assurer la récollection des moindres sommes épargnées au moyen de timbres de versement.

Comme dans tous les pays il y a un minimum de dépôt qui est de 50 *kreutzers* (1,25) et un maximum de versement en une seule fois qui est de 300 *florins*, quant au maximum du compte de chaque déposant il est fixé à 1000 *florins* (2,500 francs)

Depuis bien longtemps les caisses d'épargne d'Autriche emploient la clause de sauvegarde, grâce à laquelle elles ont pu faire honneur à leurs engagements, au milieu des crises de toutes sortes que ce pays a traversées sans cesse.

La loi de 1882 règlemente le fonctionnement de la clause de sauvegarde, dont les délais pour le paiement des sommes réclamées, varient avec l'importance de ces sommes, de 15 jours à 2 mois.

La caisse d'épargne postale a été autorisée, par la suite, à effectuer une série d'opérations de banque, qui ont quelque analogie avec les opérations du *Clearing-Housse* Anglais. Ainsi tout porteur d'un livret de 100 *florins* au moins, peut charger la caisse à recevoir des versements et à opérer des paiements en son nom.

On peut tirer aussi des chèques spéciaux sur la caisse et payables à 14 jours de vue [1]. Mais après l'expérience faite de ce service de banque, on vit surgir des grosses difficultés de comptabilité ; et l'on finit par décider, en décembre 188 , de séparer complètement ce service de banque de la caisse d'épargne et en faire une dépendance directe de la poste.

L'Autriche, comme l'Allemagne et l'Italie d'ailleurs, a un taux d'intérêt qui varie suivant les som-

1. *Bulletin de statistique*, t. XX, p. 567.

mes déposées, mais cette variation ne marche pas toujours dans le même sens; ainsi dans certaines caisses le taux augmente avec la somme, dans d'autres au contraire il diminue si la somme augmente.

L'intérêt servi varie de 3 0/0 à 6 0/0, ainsi en 1884 sur 357 caisses nous trouvons: deux caisses seulement payant, l'une le maximum et l'autre le minimum du taux ci-dessus indiqué, les autres divisées en deux parties presque égales paient 4 0/0 et 4 1/2 0/0.

La Hongrie présente un caractère tout à fait particulier au point de vue des caisses d'épargne, elles sont constituées par des sociétés par actions, qui ont pour but essentiel de faire des bénéfices, partagés sous forme de dividendes entre les actionnaires. Ce système de constitution de caisses d'épargne est vicieux, il pousse aux placements aventureux, et plus les bénéfices sont grands, plus ces institutions s'éloignent de leur véritable caractère.

Aussi il n'y a qu'en Hongrie que la crise de 1873 a produit quelques accidents déplorables. Mais en Hongrie même, il y a à distinguer entre les caisses d'épargne qui suivent des règles sages et qui seules méritent ce nom; et celles constituées par sociétés anonymes, dont le nombre s'est surtout accru depuis 1860, et qui ne diffèrent pas beaucoup de n'importe quelle banque, la spéculation étant leur seul but principal. Du reste, en Hongrie il a été très difficile d'acclimater les caisses d'épargne ; ainsi il n'y en avait pas avant 1840 quand on en institua une à Pest, qui eut à lutter longtemps contre la défiance et l'indifférence du public. « Personne, dit M. Keleti, n'avait foi dans son futur succès[1] » et celui qui, à cette époque, avait souscrit une action de 60 *florins* était persuadé avoir accompli un acte de patriotisme et ne pouvait prévoir qu'il possédera dans l'espace de temps de trente ans une valeur de 4,800 *florins*

Enfin l'année dernière, à la suite d'un vote du parlement Autrichien, qui reconnaît la nécessité d'introduire certaines modifications dans le régime actuel des caisses d'épargne, le gouvernement a envoyé dans ce but des questionnaires aux différentes caisses, pour recueillir leurs vues sur les réformes à introduire.

Quant au mouvement de l'épargne, voici un tableau qui donne les principales indications, concernant la Cisleithanie seulement[2] :

Année	Caisses	Livrets	Montant des dépôts	Moyenne par livret	Moyenne par habitant	Un liv. par habits.
1880	328	1,550,084	1,861,636,142	1,201	84	14
1881	335	1,616,936	1,970,374,255	1,218		
1882	345	1,689,829	2,065,836,392	1,222		
1883	352	2,122,733	2,180,752,677	1,027		

1. M. Keleti. *La Hongrie à l'exposition de Vienne.*

2. Le florin est calculé d'après sa valeur nominale, c'est-à-dire 2 fr. 50.

1884	357	2,286,585	2,330,267,417	1,019		
1885	365	2,419,894	2,486,088,357	1,027	108	10

Le progrès accompli pendant les dernières 5 années est donc remarquable, la moyenne des dépôts par habitant s'est accrue, et la proportion des livrets par rapport à la population est aussi assez satisfaisante.

Belgique.

Avant la séparation de la Belgique de la Hollande, les caisses d'épargne de la Belgique étaient des caisses d'épargne privées, dont le plus grand nombre avaient été organisées, par la *Société du Bien Public;* mais cette société ayant passé dans le nouveau royaume de la Hollande, la Belgique se trouva presque dépourvue de ces institutions.

Pour combler ce vide, le gouvernement confia les caisses d'épargne à la *Société Générale*, qui fut chargée de gérer leurs fonds.

Mais cette société, qui était avant tout une grande société financière, trouvant qu'il y a incompatibilité entre les opérations qu'une banque fait, et celle qu'une caisse d'épargne doit faire, demanda à être déchargée de la gestion de ces fonds.

Alors le ministre des finances présenta un projet de loi qui aboutit à la loi du 16 mars 1865, appelée la loi Frère Orban d'après le nom du ministre qui l'avait présentée, et qui instituait une caisse d'épargne d'État.

Cette caisse avait pour succursales, les comptoirs de la banque nationale belge ; et après avoir expérimenté ce système et voyant qu'il donnait des bons résultats, on mit, en 1870, les bureaux de poste à son service.

Sans créer un monopole en faveur de la nouvelle institution, la loi prévoit et autorise la prise par cette caisse nationale de l'actif et du passif des anciennes caisses d'épargne. En attendant elles conservent la plus entière liberté de continuer leurs opérations ; mais il y a cette différence entre la caisse de l'État et les anciennes caisses d'épargne, que ces dernières n'ont pas la garantie de l'État.

Les caisses privées ont du reste la faculté de déposer leurs fonds à la Caisse Nationale, qui les traite comme un simple déposant.

En dehors des dépôts faits par les particuliers, la Caisse nationale belge est autorisée, par une ordonnance royale du 22 mai 1865, à recevoir les excédents disponibles des recettes des provinces, communes, bureaux de bienfaisance et tous les établissements publics en général ; et à en effectuer le remboursement, même sans les soumettre aux délais stipulés par la loi pour les dépôts ordinaires, faveur qui est compensée par une réduction du taux de l'intérêt. En outre la caisse d'épargne est chargée de faire aux communes le paiement de la part qui leur est allouée par le gouvernement, comme indemnité pour la suppression des octrois.

En Belgique comme en Autriche, nous voyons donc rattacher à la caisse d'épargne de l'État des services qui, tout en présentant une réelle utilité, auraient peut-être gagné à en être séparés, ne fût-ce que pour faciliter et donner plus de clarté aux opérations véritables de l'épargne.

La loi de 1865 ne fixe pas de maximum, ni pour chaque versement ni pour le montant des dépôts, mais le conseil d'administration a la faculté de refuser les dépôts au delà de 3,000 francs. Il peut en outre, 15 jours après avoir prévenu le déposant dont le montant des dépôts dépasse ce chiffre, ordonner l'achat de fonds publics belges pour le surplus ; et comme la caisse possède des inscriptions au Grand-livre des diverses catégories de fonds de l'État, elle peut émettre ce qu'on a appelé des carnets de rentes belges : titres de rente nominatifs, qui peuvent, après demande, être changés en titre au porteur.

Le taux de l'intérêt à allouer aux déposants a été fixé à 3 0/0 par la résolution du conseil général de la caisse avec l'approbation du ministre des finances du 12 août 1885. Quant aux bénéfices réalisés, c'est-à-dire la différence entre l'intérêt obtenu par le placement des fonds et celui servi aux déposants, on en fait deux portions dont une sert à former un fond de réserve, destiné à faire face aux pertes éventuelles, et à rembourser au trésor les sommes qu'il aura pu avancer, en vertu de la garantie dont il est tenu envers les déposants ; et l'autre est répartie tous les cinq ans, entre les livrets ouverts depuis un an au moins. Cette seconde disposition est facultative pour le gouvernement, et son but est d'intéresser les déposants à laisser leurs économies à la caisse d'épargne.

Il y a aussi une clause de sauvegarde instituée par cette loi de 1865, et qui fonctionne d'après un système très complet ; les délais variant depuis 15 jours à 6 mois suivant qu'il s'agit d'une demande de remboursement d'une somme de 1000 ou 3000 francs.

Arrivons au mode de placement des fonds de la caisse nationale belge.

La loi de 1865 divise l'actif de la caisse en trois catégories :

1) Le fonds de roulement, qui reste dans la caisse pour faire face aux demandes de remboursement, et aux différentes opérations qu'elle peut être tenue d'effectuer pour le compte du gouvernement.

2) Le fonds destiné à des placements provisoires, et par là on entend : a) l'escompte des lettres de change et billets à ordre, b) les avances sur effets de commerce, bons de monnaie ou d'affinage du pays ou de l'étranger, c) les avances sur warants, d) les avances sur fonds publics belges ou des États étrangers, des communes ou des provinces, actions ou obligations des sociétés belges. Comme on le voit, il y a là toute

une série de placements dont la durée varie, mais qui ne dépasse pas un certain laps de temps relativement court, qui pour certains d'entre eux est de 5 à 6 mois.

3) Les placements dits définitifs, qui sont faits pour une durée plus longue que les précédents et sont représentés par : a) des fonds publics belges ou autres valeurs garanties par l'État, b) des obligations sur les provinces, les villes ou les communes de Belgique, c) des cédules ou prêts hypothécaires, d) des obligations des sociétés belges, qui depuis cinq ans consécutifs au moins, ont fait face à leurs engagements au moyen de leurs ressources ordinaires.

La distinction entre les placements provisoires et les placements définitifs, a de l'importance non seulement au point de vue de la disponibilité plus ou moins grande des fonds, mais aussi au point de vue des institutions qui sont chargées d'opérer ces placements et le cas échéant la réalisation de ces valeurs.

Ainsi pour les placements définitifs, c'est la Caisse des Dépôts et Consignations qui est chargée d'effectuer les placements et les réalisations. Quant aux placements provisoires ils sont faits par l'intermédiaire de la Banque Nationale Belge ; nous trouvons là un côté très original du système belge. Il y a un lien très étroit entre la caisse d'épargne et la Banque Nationale, et en vertu d'une convention de l'année même de la création de la caisse d'épargne, celle-ci jouit de tous les avantages que peut lui offrir une institution aussi solide et dont l'organisation est si complète; non seulement pour les versements et les remboursements des dépôts dans les bureaux des agences de la banque en province, mais aussi pour les placements provisoires par les comptoirs de la banque et ses correspondants à l'étranger.

Au premier abord on croirait que la caisse d'épargne vient ainsi faire concurrence par ses capitaux à la banque, cela n'est pas exact, car chacune d'elles a son champ d'activité à part. La banque fait par ses comptoirs, pour le compte de la caisse d'épargne, des placements dans des valeurs qu'elle ne peut accepter pour son compte; soit parce qu'elles n'ont pas le caractère commercial, soit parce que le délai de l'escompte dépasse la limite de 100 jours.

Tous ces services, la banque les rend gratuitement, elle se fait seulement donner une petite commission pour la garde des valeurs, commission qu'elle affecte entièrement à la rémunération de ceux de ses agents qui sont le plus chargés des affaires de la caisse d'épargne [1].

En dehors des placements que nous avons énumérés, une loi très intéressante du 15 avril 1884 autorise la caisse d'épargne à employer une partie de ses fonds disponibles, en prêts faits aux agriculteurs.

Ces prêts sont assimilés suivant leur forme et leur durée soit aux placements provisoires, soit aux place-

1. M. Léon Cans: *Congrès des Institutions de prévoyance*, p. 73.

ments définitifs, et réalisés par l'intermédiaire des comptoirs des prêts agricoles.

L'article 4 de cette loi dit : que les prêts faits aux agriculteurs peuvent être garantis par un privilège stipulé dans l'acte du prêt, lequel privilège se conserve par l'inscription (art. 5) sur un registre spécial tenu par le receveur de l'enregistrement.

Voici quelle était à la fin de l'année 1885 la situation des caisses d'épargne de la Belgique : 444,087 livrets, 189.061,089 francs de dépôts ; ce qui donne une moyenne de 425 francs par livrets, 33 francs par habitant et 1 par 13 habitants.

Hollande.

Les caisses d'épargne de la Hollande sont dues à la Société du Bien Public, qui a beaucoup fait dans ce pays non seulement pour ces institutions, mais aussi pour l'instruction publique.

Ce sont donc des institutions créées entièrement par l'initiative privée, et avant la loi de 1880 qui crée une caisse d'épargne postale, aucun règlement d'administration publique ne régissait la matière ; c'est dire que les caisses avaient une liberté absolue pour la gestion des fonds et la fixation des règlements intérieurs.

Les caisses se constituent généralement un fonds de réserve, dont une partie est destinée à parer aux pertes éventuelles, et l'autre est employée dans des travaux d'utilité générale pour les classes travailleuses. Ainsi M. Bruyn-Kops, délégué de la Hollande au congrès des institutions de prévoyance de 1878, raconte que la Société du Bien Public a fait construire avec ces fonds une école de natation.

Les caisses font des placements très variés, et elles ont quelquefois soutenu de leurs capitaux les banques populaires.

En 1875, par un arrêté royal du mois de décembre, on fit un essai dans la voie de l'institution d'une caisse postale.

Cet essai échoua, parce qu'il se bornait à donner quelques facilités aux personnes qui allaient à la poste envoyer par mandat des dépôts à des caisses déjà existantes.

Enfin le 7 mai 1880 on créa une caisse d'épargne postale.

Ce qu'il y a de remarquable dans cette loi, c'est que le minimum de dépôt est fixé à vingt-cinq centimes.

La Hollande est donc le seul pays, où l'on soit descendu au-dessous d'un franc pour le premier dépôt.

Voici quel est, d'après le règlement de la caisse d'Amsterdam, le mode de placement des capitaux :

1) Prêts sur titres pour un ou trois mois ;

2) Hypothèques ;

3) Lettres de gage ;

4) Rentes hollandaises ;

5) Dépôt à l'établissement financier Rente-Cassa.

Les placements prévus aux numéros 2 et 3 ne peuvent pas s'élever séparément au-dessus du sixième, ni conjointement au-dessus du tiers du capital entier.

Il y a à remarquer aussi en Hollande, l'existence de ce qu'on peut appeler des agents provocateurs de l'épargne ; agents envoyés par les caisses à certaines dates fixes, pour recueillir à domicile les petites épargnes des domestiques et servantes.

Cette loi de 1880 décide aussi la création de cartes d'épargne, destinées à faciliter la collection des moindres sommes.

Voici quel est le mouvement d'ensemble des épargnes de la Hollande pour l'année 1883, la dernière année sur laquelle nous avons pu nous procurer des résultats complets : 326,422 livrets, 118,495,512 francs de dépôts ; ce qui nous donne une moyenne de 363 fr. par livret, 28 fr. par habitant et 1 livret sur 13 habitants.

Italie.

Les caisses d'épargne de l'Italie sont d'origine très diverse, les unes instituées par l'initiative de simples particuliers, d'autres par des fondations pieuses, par des communes ou des provinces.

En somme donc, c'est l'initiative privée ou locale qui a tout fait à cet égard en Italie. Cela est du reste facile à comprendre quand on se rappelle l'histoire de ce pays. On sait en effet que l'Italie a été pendant longtemps l'objet et en même temps le théâtre des disputes de ses puissants voisins, et très souvent soumise à des gouvernements étrangers, qui se souciaient peu de la doter d'institutions de prévoyance.

C'est en 1861 que, pour la première fois, une loi s'occupant des caisses d'épargne fut faite. Cette loi se borne à poser quelques règles générales, laissant à ces institutions une très grande liberté d'action.

Sous le régime de cette loi, s'étaient formées quelques caisses d'épargne très puissantes, comme celles de Milan, Bologne, Rome, Florence, etc., qui rayonnaient autour d'elles dans toute l'étendue de leur province respective, et avaient souvent des nombreuses succursales. Dans d'autres provinces les caisses étaient moins importantes, et dans le sud de l'Italie l'initiative privée s'était montrée moins empressée, c'est ce qui décida le gouvernement à intervenir. On institua ainsi par la loi du 27 mai 1875 une caisse d'épargne postale, pour parer à l'infériorité où se trouvaient à ce point de vue les provinces du sud.

Cette loi autorise le gouvernement à désigner successivement les bureaux de poste, qui doivent servir de succursales à la caisse centrale, et c'est dans les localités où il n'y a pas de caisse privée, qu'on désigne de préférence des bureaux de poste pour servir à cet effet.

Commençons par les caisses d'épargne postales, ayant moins de développements à en donner. Les dépôts étant faits entre les mains de l'administration de l'État, ils sont placés sous sa garantie.

Cette caisse centrale qui est rattachée à la Caisse des Prêts et Dépôts instituée le 17 mai 1863, alloue aux déposants un intérêt qui est fixé par le ministre des finances d'accord avec celui de l'agriculture.

Quant aux fonds déposés et qui excèdent les besoins du service, la Caisse des Prêts et Dépôts est chargée d'en faire le placement en prêts aux communes ou autres établissements publics.

La loi qui crée la caisse postale admet une clause de sauvegarde, dont les délais pour le remboursement varient de 15 jours à 2 mois, et un maximum pour le montant des dépôts qui est de 2,000 francs.

Arrivons aux caisses privées. Leur constitution est très intéressante à étudier ; elles ont une liberté complète pour le placement de leurs fonds, aussi en regardant un tableau des différentes valeurs se trouvant dans le portefeuille d'une des grandes caisses, on voit qu'elles parcourent toute la gamme du crédit, depuis les bons du trésor et les prêts aux communes, jusqu'à l'escompte des effets du commerce et les prêts agricoles.

Quelques-unes des grandes caisses de l'Italie ne se contentent pas de ces placements aussi variés, et on en voit qui sont en étroits liens d'affaires avec les banques populaires, les monts-de-piété et autres institutions de crédit. Ainsi la caisse de Milan, pour amoindrir les conséquences de la crise de 1870, se fit autoriser par un décret royal à faire des prêts sur gage spécialement sur la soie, et ensuite en vertu de la loi du 3 juillet 1877 elle institua un magasin général de soie, ayant une gestion distincte et auquel elle prêta la garantie d'un million. « Elle a aussi créé, dit M. Léon Say, et gère un établissement de crédit foncier dans les provinces de la haute Italie. On crée des lettres de gage et des warants et la caisse achète les uns et prête sur les autres[1] »

La caisse de Bologne aussi a créé un établissement de crédit foncier, qui a des territoires délimités pour son activité, et en outre une institution de crédit agricole.

En 1883 les caisses de l'Italie se sont syndiquées, pour faire fonctionner une caisse d'assurance contre les accidents du travail.

Enfin presque toutes les grandes caisses, à l'imitation de la caisse de Milan, décernent des prix aux sociétés de secours mutuels les mieux constituées, qui

1. M. Léon Say. *Dix jours dans la haute Italie*, p. 17.

apportent des perfectionnements à leurs statuts ou aux tables statistiques. De cette façon, elles répandent les habitudes de prévoyance dans les couches les plus profondes du peuple. Ces prix sont payés sur les bénéfices faits par les caisses et on trouve en outre inscrite aux statuts, l'obligation d'affecter à des dépenses de charité ou d'utilité publique, la totalité ou une partie des bénéfices qui restent.

Pour les livrets, on distingue en Italie les livrets nominatifs des livrets au porteur, et à ces derniers on alloue un intérêt de 1/2 0/0 moindre ; ensuite les petites épargnes, c'est-à-dire en général les dépôts au-dessous de 500 francs, ont un intérêt plus élevé de 1/2 0/0 que les livrets d'épargne ordinaire.

En 1886 un congrès des caisses d'épargne se réunit à Florence, il émit des vœux pour la règlementation plus sévère des caisses, et surtout la suppression des sociétés de spéculation, qui sous le nom de caisses d'épargne attirent les petits dépôts et les exposent à des dangers réels. De là est sorti un projet de loi, qui donne satisfaction à ces vœux. Il soumet l'acte constitutif des caisses d'épargne à l'approbation du roi sur un rapport du ministre du commerce ; ce qui empêchera les sociétés de spéculation de prendre le nom de caisses d'épargne.

Quant à l'emploi des fonds, le projet laisse une grande latitude aux caisses, elles déterminent en outre, par leurs statuts, les proportions à garder entre les divers placements, sauf pour les prêts hypothécaires, qui ne doivent pas dépasser le 6e du capital. Voici quel était pour l'année 1885 le mode de placement des capitaux de ces institutions :

Prêts hypothécaires..............	15,44 0/0
— chirographaires aux communes.	8,81
— chirographaires aux particuliers.	0,40
Avances sur fonds publics.........	3,97
Comptes-courants.........	6,67
Certificats fonciers..............	2,44
Bons du trésor et tit. de la dette pub.	24,64
Obligat. des provinces et communes	2,71
Actions et obligations des sociétés..	5,29
Portefeuille d'escompte...........	0,78
Dépôts pour garde, cautionnements.	13,86
Immeubles et mobilier...........	1,23
Effets et crédits en souffrance......	0,27
Encaisse....................	1,63
Crédits divers.................	1,86

Voici en outre un tableau indiquant le mouvement de l'épargne en Italie depuis 1880 à 1885, caisses postales et caisses privées réunies :

Année	Caisses	Livrets	Montant des dépôts	Moyenne par livret	Moyenne par habitant	Un liv par habit
1880	3670	1,279,889	732,974,433	575	26	22
1881	3761	1,468,120	781,802,316	533		
1882	3845	1,629,157	828,858,437	509		

Année	Caisses	Livrets	Montant des dépôts	Moyenne par livret	Moyenne par habitant	Un liv par habit.
1883	3948	1,895,275	912,762,526	481		
1884	4196	2,151,907	1,035,747,454	505	·	
1885	4320	2,394,779	1,113,197,002	473	38	12

Le mouvement de l'épargne en Italie, tout en accusant un grand progrès dans ces cinq dernières années, paraît être en retard sur les autres pays, soit au point de vue de la moyenne des dépôts par habitant, soit au point de vue du nombre des livrets; mais il y a une raison qui explique en partie cette infériorité; on sait qu'en Italie les banques populaires sont très prospères, elles attirent donc une grande quantité de capitaux, qui sans cela seraient venus grossir les sommes déjà déposées aux caisses d'épargne.

Roumanie.

L'initiative privée ne paraissant faire preuve de beaucoup de zèle pour l'institution des caisses d'épargne, le gouvernement se décida à combler ce vide, et par la loi du 16/28 janvier 1880, il institua une caisse d'épargne d'État.

Cette caisse attire les épargnes du peuple, par l'entremise des trésoriers, receveurs des postes et télégraphes, instituteurs et directeurs d'écoles.

Il y a un minimum fixé à un franc et un maximum pour chaque déposant à 3,000 francs, après quoi l'on achète des rentes sur l'État, pour le compte du déposant.

La clause de sauvegarde fonctionne, et nous y trouvons des délais allant d'un mois à trois mois, suivant que les sommes à rembourser varient de 500 à 3,000 francs.

Les fonds de la caisse d'épargne sont concentrés entre les mains de la Caisse des Dépôts et Consignations, qui par son conseil d'administration décide les placements à faire.

Ce même conseil, fixe en outre l'intérêt à servir aux déposants, intérêt qui peut varier entre 3 et 5 0/0; mais la réduction de l'intérêt ne peut être appliquée qu'après avoir été annoncée, et seulement à partir du commencement de l'année qui suit cette décision. L'intérêt qu'on alloue actuellement aux déposants est 5 0/0.

La loi de 1880 détermine les placements que le conseil d'administration peut faire, ce sont.

1) Achats des bons du Trésor et autres effets de l'Etat.

2) Achats d'effets du Crédit Foncier Urbain et Rural.

3) Prêts sur les effets susindiqués.

La loi décide en outre qu'on ne pourra recevoir ces effets en gage que jusqu'à concurrence des deux tiers de leur valeur, d'après les cours au jour du prêt. Ensuite ces prêts ne peuvent être consentis pour plus de 3 mois, sauf prolongation si le conseil d'administration l'approuve.

Un fonds de réserve doit être constitué, avec les bénéfices que la caisse peut faire par le placement de ses capitaux.

Voici un tableau indiquant la marche des dépôts depuis l'institution de cette caisse :

Année	Livrets	Montant des dépôts	Un livret par habitants
1881	18,736	981,937	
1882	24,260	2,121,492	
1883	27,114	3,137,768	
1884	31,540	4,356,082	
1885	33,968	5,660,229	
1886	37,196	7,018,339	
30 sept. 1887	39,275	8,047,905	316

Enfin la situation de la caisse au 30 septembre 1887 est : numéraire 19,522,40 ; effets publics, rente amortissable 2,320,000 ; obligations foncières urbaines 6 0/0. 119,200 ; obligations foncières urbaines 5 0/0, 3,935,300 ; obligations foncières rurales 83,000 ; obligations convention rurale 2,692,500.

Total général 9,169,622,40 dont 1,121,717.40 pour le fonds de réserve.

Russie

Les premières caisses d'épargne russes remontent au siècle dernier, elles furent créées par Catherine II, et des dépôts considérables y affluaient déjà.

Le 30 octobre 1841 une loi fut faite sur cette matière ; il y avait à cette époque une cinquantaine de caisses d'épargne seulement, ouvertes auprès des caisses de dépôt de Saint-Pétersbourg, Moscou et les principales villes du pays et aussi auprès des bureaux de bienfaisance.

D'après cette loi, les dépôts ne pouvaient dépasser 750 roubles et le minimum était fixé à 50 *copéïks* (2 francs) et l'intérêt était de 3 0/0.

La réforme des institutions de crédit toucha aussi aux caisses d'épargne, et par les lois du 16 octobre 1862 et 19 octobre 1864 ces institutions furent rattachées à la Banque Impériale, laquelle les fait servir par ses succursales.

Les banques communales et les trésoriers de district sont aussi autorisés à recevoir des dépôts, et ouvrir des annexes à leurs bureaux dans ce but.

Le minimum fut abaissé de 25 *copéïks* (1 franc) et le maximum fixé à 1,000 roubles.

Les livrets sont rigoureusement nominatifs, et la Banque Impériale recueille toutes les sommes déposées et les convertit en obligations de l'État à 5 0/0 d'intérêt.

Jusqu'en 1884 le développement de ces institutions fut très lent ; depuis, une nouvelle loi du 4 mars 1884 paraît leur donner une nouvelle impulsion.

Cette loi décide qu'il sera fondé des caisses d'épargne, dans tous les bureaux de paiement de la rente et les succursales de la Banque Impériale, et en 1884 seulement, 50 caisses nouvelles furent ouvertes.

Quant aux résultats obtenus voici les chiffres pour l'année 1884 : 171,212 livrets et 73,248,488 francs de dépôts.

Suisse.

La plus ancienne caisse d'épargne de la Suisse est celle de Berne instituée en 1787, elle portait le titre de « caisse des domestiques » et avait été fondée par les autorités locales.

Ces institutions peuvent être divisées, d'après la garantie qu'elles offrent aux déposants, en deux catégories principales : les unes n'offrent comme garantie que leurs propres fonds de réserve, les autres disposent en outre de la garantie du canton ou de la commune qui les a fondées.

On peut les distinguer aussi en caisses publiques et caisses fermées. Les premières, qui sont de beaucoup les plus nombreuses, sont accessibles en tout temps et à tout le monde pour faire des dépôts. Les secondes sont des espèces d'associations particulières, qui forment leurs capitaux au moyen de cotisations mensuelles qu'un nombre limité d'associés se sont obligés à effectuer pendant un temps fixe, généralement 6 ans. Au moment de la liquidation, les membres peuvent se retirer ou fonder une nouvelle association. Leur organisation est très originale, et ce qu'il y a de remarquable dans ces caisses, c'est l'obligation pour les déposants, de ne pas retirer leurs dépôts avant la fin de l'association ; et même s'ils ont le droit de retirer leur dépôts, cela se fait dans des conditions tellement désavantageuses que rarement on use de ce droit.

Quelques caisses, notamment celle de Bienne, répartissent chaque année par voie de loterie, des primes assez considérables entre les déposants, qui ont au moins cent francs de dépôt.

Il n'y a pas de caisse postale en Suisse.

Quant aux placements des fonds, toutes ces caisses ont la plus grande liberté.

Voici quel était, à la fin de 1886, l'état de ces institutions au point de vue financier : 795,947 livrets, 601,366,868 francs de dépôts ; ce qui donne une moyenne de 755 francs par livret, 211 par habitant, et un livret sur trois habitants, ce dernier résultat est surtout remarquable.

France.

Nous avons réservé la France en dernier lieu, pour rapprocher autant que possible l'exposé de sa législation sur cette matière, de la discussion des diverses questions que soulèvent les caisses d'épargne.

Ce procédé nous paraît avoir en outre l'avantage de ne pas nous obliger à revenir trop souvent sur des dispositions déjà expliquées.

En France, ce furent les administrateurs de la Compagnie Royale d'Assurances Maritimes, qui eurent en 1818 l'idée de fonder à Paris une caisse d'épargne. Elle prit la forme d'une société anonyme, et ces mêmes administrateurs et d'autres hommes de bien, formèrent par souscription le capital de dotation de cette caisse, dont l'ouverture fut autorisée par l'ordonnance du 29 juillet 1818.

L'idée d'une institution d'une caisse d'épargne n'était cependant pas neuve en France ; en remontant beaucoup dans le passé, on voit, deux siècles auparavant, un sieur Hugues Delastre ayant très clairement exposé et proposé le « plan d'une caisse pour recueillir et faire fructifier les économies du serviteur ou servante et de tout autre mercenaire, qui loue ou engage son labeur par an ou par journées ». M. Chevallier, qui donne ces indications, rapporte qu'il en est question dans l'Encyclopédie de Diderot [1].

D'autres projets furent formulés, entre autres un par la Convention, qui décréta l'institution d'une caisse d'épargne et d'une caisse d'assurances réunies sous le titre de « Caisse Nationale de Prévoyance ». Mais comme le moment n'était pas tout à fait propice pour ce genre d'institutions, on ne put donner suite à ce décret.

1. M. Chevallier : *Économiste Français*, 17 juillet 1886.

Un autre essai fut fait par le décret du 3 septembre 1808, qui imposait à la Banque de France l'obligation d'ouvrir une caisse de placement et d'épargne, mais on ne pouvait déposer que des sommes de 500 francs au minimum; cette disposition explique à elle seule le peu de succès de cette caisse.

Nous laissons de côté les tontines, les compagnies d'assurance sur la vie, les sociétés de secours mutuels et autres combinaisons de ce genre, lesquelles tout en étant des institutions de prévoyance répondent à d'autres nécessités, et produisent d'autres effets que les caisses d'épargne.

Les tontines tout en assurant des ressources pour la vieillesse, soit en rentes soit en capital, ne présentent aucun avantage pour le présent; et en outre elles sont empreintes d'une très forte dose d'égoïsme, poussent au célibat et en tout cas favorisent l'intérêt individuel à l'encontre de celui de la famille.

Après l'institution de la caisse de Paris, les principales villes des départements se firent un point d'honneur d'imiter Paris. Quelques caisses furent créées par des sociétés anonymes, d'autres comme annexes aux monts-de-piété par les directeurs de ces établissements. Ainsi dès le principe on vit se produire les trois systèmes, qui présidèrent concurremment en France à l'institution des caisses d'épargne.

Le système qui s'appuie sur l'annexion des caisses d'épargne aux monts-de-piété, et livre en compte-courant à ceux-ci les fonds rassemblés par les caisses d'épargne, est essentiellement vicieux ; parce que, en temps de prospérité, les monts-de-piété n'ont pas besoin des capitaux qui affluent aux caisses d'épargne, et en temps de crise, ces dernières ont elles-mêmes besoin d'emprunter, pour faire face aux demandes de remboursement.

Aussi ce système n'a-t-il reçu d'application, même dans les premiers temps, que dans les villes de Metz, Avignon et Nancy.

En ce qui concerne les caisses qui avaient pris la forme de société anonyme, déjà on comprenait que cette forme n'était pas tout à fait correcte ; vu qu'elle impliquait l'existence d'un capital divisé en actions et par là les caisses avaient le caractère de sociétés financières, et le gain ne paraissait pas étranger à leur but. Or les caisses d'épargne, tant qu'elles veulent répondre à leur véritable but, ne doivent jamais songer à réaliser des bénéfices, avec les capitaux des petits déposants et à leur détriment. C'est pourquoi l'on changea de bonne heure cette manière de procéder, et à la suite de l'avis du Conseil d'État du 25 août 1835, ce furent surtout les conseils municipaux, qui prirent l'initiative de la création des nouvelles caisses.

Les conseils municipaux estimaient, à juste raison, qu'il y avait là des institutions d'intérêt public, auxquelles ils ne devaient pas rester étrangers ; du moins en tant que l'initiative privée ne montrait pas beaucoup d'empressement pour combler cette lacune, ou qu'elle paraissait détourner ces institutions de leur véritable voie. Aussi ce système, qui repose sur l'initiative des conseils municipaux fut définitivement adopté, et c'est celui qui est actuellement en usage.

Si l'organisation des caisses d'épargne françaises laisse encore à désirer, ce ne peut être faute de lois qui les concernent ; car depuis 1818 jusqu'à la loi du 9 avril 1881 il y a eu pour ainsi dire une législation à jet continu, et sans compter la foule d'ordonnances et de décrets, dont quelques-uns sont encore en vigueur, nous trouvons aujourd'hui 5 lois qui régissent notre matière : celle du 1er juin 1835, celle du 31 mai 1837, du 29 juin 1845, du 30 juin 1851 et enfin celle du 9 avril 1881.

Il serait vraiment oiseux d'analyser même rapidement ces diverses lois, dont le plus grand nombre trahissent la préoccupation dominante du législateur de l'époque, qui ne cherche autre chose que de remédier aux inconvénients qu'on lui soumet. D'ailleurs nous avons une autre raison, pour ne pas nous arrêter à chacune de ces lois ; en effet, dans le cours de notre développement sur les caisses d'épargne en France, nous aurons plus d'une fois l'occasion de nous y reporter.

Les caisses d'épargne sont instituées par décret du chef de l'État, rendu dans la forme des règlements d'administration publique, après examen et avis du Conseil d'État.

L'initiative officielle de leur institution appartient aux conseils municipaux ; les particuliers peuvent saisir le conseil municipal local d'une demande en institution d'une caisse d'épargne ; mais c'est à ces derniers qu'appartient le droit de proposer au gouvernement l'établissement d'une pareille institution.

Les conseils municipaux sont en outre tenus de voter les subsides nécessaires pour l'administration des caisses, en cas que lés prélèvements opérés sur l'intérêt servi aux déposants est insuffisant pour couvrir les dépenses.

Le caractère d'établissements d'utilité publique reconnu par la loi de 1835 aux caisses d'épargne, explique pourquoi les conseils municipaux ont seuls l'initiative de leur création.

Ensuite l'obligation que ces conseils prennent de subvenir le cas échéant aux frais d'administration, ne pouvait être contractée efficacement, par des personnes appelées à disparaître tôt ou tard.

Il y avait en outre, un autre danger contre lequel il fallait se mettre en garde et qui explique l'intervention des conseils municipaux ; ce danger consiste dans le renouvellement très irrégulier du conseil d'administration des caisses, ce qui s'était vu fréquemment sous le régime antérieur, quand les caisses pouvaient être créées par des particuliers. Or comme il importe qu'une caisse d'épargne ne soit pas exposée à périr, faute de directeurs valablement nommés, on fut donc obligé de penser à faire élire ces directeurs par un corps constitué et ayant une existence assurée. C'est ainsi qu'on fut amené à choisir les conseils municipaux, pour les charger du soin de veiller au remplacement des administrateurs.

Ces considérations, auxquelles s'ajoute le fait que la loi de 1835 a fait une place spéciale aux caisses d'épargne parmi les établissements d'utilité publique, et les a de la sorte instituées à perpétuelle demeure, explique l'avis donné par le conseil d'État le 25 août 1835, qui décide : qu'il conviendrait de ne plus proposer d'établissement de caisse d'épargne sous forme de société anonyme. Cette décision a été appliquée depuis non seulement aux nouvelles caisses, mais aussi à celles qui, ayant été fondées à temps, ont eu besoin d'une prolongation.

Cependant les particuliers ne sont pas pour cela exclus de toute influence sur les caisses : outre l'initiative qu'ils peuvent prendre pour décider le conseil municipal à demander l'ouverture d'une caisse, ils peuvent donner leur concours soit par des dons destinés à former un fonds de réserve, soit en consacrant leur temps à leur administration, ou à la propagation du principe de l'épargne dans les classes populaires.

Dans la requête qu'ils font au gouvernement, pour

demander l'autorisation de l'ouverture d'une caisse d'épargne, les conseils municipaux doivent présenter les statuts qui régleront l'administration intérieure de la caisse, et en même temps prendre l'engagement de voter chaque année les subsides nécessaires. Un des points les plus importants que les statuts doivent régler, c'est la formation et l'emploi de la fortune propre de la caisse.

Le conseil d'administration de chaque caisse est composé : du maire de la commune, de 15 directeurs choisis pour 3 ans par le conseil municipal et dont le tiers au moins est pris dans son sein.

Les caisses d'épargne sont responsables, vis-à-vis des déposants, des sommes qu'elles reçoivent. Cette responsabilité est couverte, par la garantie de l'État, pour les sommes versées à la caisse des Dépôts et Consignations, et tant que celle-ci les détient ; mais la garantie s'arrête là, l'État n'est jamais responsable de la gestion des caisses.

En outre, il ne faut pas confondre la responsabilité des caisses d'épargne, avec celle des directeurs. Ceux-ci répondent seulement de l'exécution de leur mandat, d'après les principes du mandat gratuit ; c'est-à-dire qu'ils sont tenus d'y apporter une prudence ordinaire, et les lumières et les soins qu'ils apportent à leurs propres affaires. Les tiers lésés par l'administration des caisses ont donc comme garantie de leur recours la fortune privée de ces caisses, sans préjudice du recours qu'ils peuvent exercer contre les employés ou directeurs.

Les caisses d'épargne françaises sont des simples agences administratives, qui n'ont de privé que le nom ; elles servent d'intermédiaire entre le public, dont elles reçoivent les capitaux et remboursent les sommes exigées, et la Caisse des Dépôts et Consignations, qui par la loi du 31 mars 1837 est chargée de concentrer entre ses mains et faire valoir leurs fonds, sous la garantie de l'État et la surveillance de la commission instituée par l'article 99 de la loi du 28 avril 1816 ; fonds que les caisses avaient été autorisées par la loi du 5 juin 1835, à déposer en compte-courant au Trésor.

Cette loi de 1835 fut sollicitée par les administrateurs des caisses d'épargne eux-mêmes, qui demandèrent que l'État prenne dans ses mains les capitaux de ces caisses et les fasse fructifier, pour les décharger de la responsabilité qu'ils assumaient par la gestion de ces capitaux ; ils étaient en effet très inquiets à cause de cette responsabilité, qui pouvait les atteindre dans leurs fortunes.

La loi de 1835 est fort importante, c'est elle qui reconnaît aux caisses d'épargne le caractère d'établissements d'utilité publique, et leur donne le droit de recevoir des legs et donations, à la condition de se faire autoriser d'après les formes prescrites.

Les fondateurs des caisses d'épargne ne paraissent

pas avoir songé, à un autre emploi des capitaux rassemblés, que celui en rentes sur l'État.

Les statuts de la première caisse décidaient que, sitôt que le montant du déposant suffirait pour acheter 50 francs de rente, ce qui équivalait à 900 francs de capital, il sera pris une inscription de rente au nom de ce déposant. Jusque-là la caisse devait employer les sommes recueillies, en achats de rente faits en son nom.

C'est même sur l'insistance de ces fondateurs, que la loi du 17 août 1882, abaissa à 10 francs la plus petite inscription de rente qui était de 50 francs jusqu'alors, pour faciliter ainsi le placement des dépôts en rentes, inscrites au nom des déposants, et les décharger de toute responsabilité.

Mais les rentes par la hausse et la baisse continuelle du taux de leur valeur, amenaient un grand trouble dans les opérations des caisses, soit pour le remboursement à effectuer, soit pour pouvoir fixer un taux d'intérêt uniforme. Cela détermina les administrateurs à entrer en pourparlers avec le gouvernement qui, par plusieurs lois et ordonnances, finit par permettre aux caisses d'épargne, de déposer leurs capitaux en compte-courant au Trésor.

Les caisses d'épargne progressant, l'État se trouva à avoir, le 31 décembre 1836, la somme déja importante de 96,576,851 francs en compte-courant, somme qui surchargeait la dette flottante, et était en disproportion avec les besoins du Trésor.

Aussi se décida-t-on à changer de système, et comme les caisses d'épargne s'étaient déchargées sur l'État, du soin de la gestion des fonds; le gouvernement se mit en devoir de suivre cet exemple, et crut remédier au mal, en chargeant la Caisse des Dépôts et Consignations de la gestion de ces mêmes capitaux.

Quant au mode de placement de ces capitaux, l'article 3 de la loi de 1837 prescrit que « la Caisse des Dépôts et Consignations pourra placer ces fonds, soit en bons du trésor, soit en compte-courant, soit acheter, avec l'autorisation du ministre des finances, des rentes par concurrence et publicité. »

Ce qui est surtout intéressant à étudier dans ces diverses lois, c'est le taux de l'intérêt servi aux déposants, et aussi le maximum légal des dépôts ; cela sert pour ainsi dire de thermomètre, qui donne la juste mesure de l'accueil plus ou moins favorable fait aux caisses d'épargne par les différents gouvernements. Cela indique aussi quels étaient les moyens qu'on croyait meilleurs, pour parer aux difficultés créées au Trésor, par les énormes sommes des dépôts qui allaient toujours en augmentant et dont il était responsable.

Le taux de l'intérêt n'a pas trop varié, de 4 0/0 taux qui fut fixé par la première loi, qui autorisait les caisses à déposer leurs fonds en compte-courant au

Trésor, il fut changé en 4 1/2 0/0 de 1851 à 1853, depuis il a été ramené à 4 0/0, mais la réduction à 3,25 0/0 vient d'être votée à deux reprises par la Chambre des députés.

Au moment de la révolution de 1848, le taux fut porté à 5 0/0, mais cette mesure était prise dans le but de diminuer les demandes de remboursement.

Quant au maximum des dépôts, il a beaucoup varié, il était fixé à 3,000 francs en 1835, à 1500 en 1847, à 1,000 en 1851 et enfin à 2,000 depuis la loi de 1881.

Toutes les fois que des plaintes se firent entendre, soit dans le public soit de la part du gouvernement, au sujet de l'encombrement du Trésor par les capitaux des caisses d'épargne, il se trouvait toujours quelqu'un pour proposer d'abaisser le taux de l'intérêt ou le maximum des dépôts. En 1845, entre autres, dates importantes à ce point de vue, on avait érigé presque en doctrine que les caisses d'épargne sont un danger pour l'État et qu'il faut limiter leur champ d'action ; d'aucuns même auraient voulu les supprimer complètement, sans aucun souci des bienfaits pourtant incontestés de ces institutions, sans souci de laisser les petites épargnes du peuple se perdre ou se diriger vers des placements aventureux.

Certes, le remède, pour être radical et infaillible, n'en aurait été moins mauvais pour cela, car supprimer les caisses d'épargne ou même restreindre leur développement, pour cette raison que l'État, par son propre fait, peut se trouver dans l'embarras pour répondre aux demandes de remboursement, est une solution tout au moins extravagante.

Jusqu'en 1881 nous ne trouvons, en France, rien qui, de près ou de loin, ait quelque ressemblance avec ce qu'on appelle une clause de sauvegarde ; disposition que d'autres pays connaissent depuis longtemps et qui assure aux caisses quelques délais, pour le remboursement des sommes demandées, en cas de crise.

Aussi dans l'histoire des caisses d'épargne en France, nous rencontrons deux dates, celles de 1848 et 1870, qui (la première surtout) sont mémorables par l'obligation où s'est vu le Trésor de manquer à ses promesses de rembourser toutes les sommes exigées sans délai. On a été obligé de prendre des mesures arbitraires et excessivement injustes, mesures qui prouvent les efforts désespérés d'une administration aux prises avec des difficultés inextricables, et cachent mal une réelle faillite.

En 1848 on commença par élever à 5 0/0 le taux de l'intérêt, dans l'espoir de modérer les demandes de remboursement ; mais comme le peuple avait besoin d'argent et que la foule grossissait aux portes des caisses d'épargne, le ministre des finances décréta le remboursement des demandes, à 100 francs par livret en espèces, et le reste moitié en bons du trésor et moitié en rentes sur l'État au pair.

Cette mesure était d'une injustice révoltante, non seulement on payait en titres, ce qu'on aurait dû payer en espèces, mais ensuite ces titres étaient déjà dépréciés ; ainsi les bons du trésor s'escomptaient à 30 et 40 0/0 de perte au moment où, pour la première fois, on les offrit ; quant à la rente, le 5 0/0 valait 75 francs et elle tomba bien plus bas, car elle fut cotée à un moment à 50 francs. Plus tard on offrit la rente à 80 francs, mais même à ce taux elle était désavantageuse ; et ce qui rendait cette mesure plus injuste encore, ce fut l'obligation qu'elle imposait à tous les déposants d'accepter cet arrangement.

De cette façon, sur les 358 millions que les caisses d'épargne possédaient encore à la veille de la révolution, malgré les années de disette et la loi de 1847 qui abaissait de moitié le maximum des dépôts, il ne resta plus rien après la révolution et les caisses furent complètement liquidées.

Ces mesures arbitraires, les pertes qu'elles firent subir aux déposants, eurent une telle influence sur l'esprit des populations, que les caisses d'épargne eurent toutes les peines du monde pour les faire reprendre confiance et revenir à elles.

Il est vrai que la loi du 21 novembre 1848 répara jusqu'à un certain point les fautes commises, en donnant un livret supplémentaire de 8,40 pour chaque

100 francs convertis, et de cette manière on fit revivre les caisses d'épargne, en rétablissant dans cette mesure de 8,40 0/0 les livrets liquidés.

En 1870, aussitôt après les premières opérations de guerre, on commence à augmenter les demandes de remboursement, lesquelles pour la semaine du 20 août seulement s'élevèrent à 2,300,000. En même temps, bénéficiant des dispositions de la loi de 1845, qui accorde aux déposants la faveur de pouvoir se faire acheter par la Caisse des Dépôts et Consignations, et sans frais, des rentes sur l'État, sitôt qu'ils ont en dépôt la somme nécessaire pour acheter 10 francs de rente, beaucoup demandèrent des rentes.

Le ministre des finances de l'époque, ne trouva rien de mieux que de suivre l'exemple que lui avait donné son prédécesseur de 1848 ; il décréta le 17 septembre qu'on limiterait à 50 francs par livret les remboursements en espèces, et offrirait le surplus en bons du Trésor.

La panique commençait déjà à s'emparer des déposants, lorsqu'on eut l'heureuse pensée de suivre les conseils de M. de Malarce et d'accorder par un second décret, un second acompte de 50 francs ; cette mesure ayant été renouvelée chaque mois, les déposants n'eurent pas trop à souffrir de cet état de choses, du moins les déposants de Paris ; car quant à ceux des départements, le décret du 17 septembre fut appliqué dans toute sa rigueur, et les déposants ne reçurent qu'une seule fois 50 francs par livret et le reste en rente ou bons du Trésor.

Grâce à cette sage mesure, les caisses n'eurent pas à encourir les mêmes reproches qu'en 1848 et ainsi à Paris sur 54 millions existant avant la guerre, il en restait encore 44 le 17 décembre 1870, quand on prit cette mesure, et 36 millions en 1871 ; les remboursements n'ont donc pas été trop considérables entre ces deux dernières dates.

Enfin pour offrir une petite compensation aux déposants, la loi du 21 juin 1871 leur offrait la conversion de leurs dépôts en rente 5 0/0 dans des conditions assez avantageuses; et l'on convertit ainsi 64 millions.

Ayant exposé l'historique des caisses d'épargne de la France jusqu'en 1871, nous arrivons à la loi de 1881 qui institue une caisse d'épargne postale.

Ce n'est pas qu'avant cette loi, on n'ait plus songé à apporter des modifications aux lois régissant notre matière ; mais toutes les tentatives faites dans ce sens avaient échoué.

Ainsi le 22 décembre 1866, M. Fould propose de rattacher les caisses d'épargne à l'un des services de l'État, lesquels étendant leur action sur tous les points du territoire, pourraient multiplier les lieux de dépôt. Par cette mesure on voulait rendre accessible à la masse des populations, surtout des populations rurales, la caisse d'épargne.

Trois ans plus tard ce projet fut soumis au Sénat, qui l'envoya devant une commission extraparlementaire.

En 1872 nouvelle tentative de MM. Fournier, Talon et Chabaud-Latour, qui proposaient l'intervention des percepteurs pour développer l'esprit de l'épargne, mais les auteurs de ce projet le retirèrent, à cause du rejet de quelques-unes de ses dispositions par l'Assemblée Nationale; cependant ils eurent la promesse du Ministre des finances, qu'il autoriserait par décret les caisses d'épargne à se servir des percepteurs et receveurs des postes pour recueillir les dépôts.

Et en effet le 23 août 1875 M. Léon Say, alors ministre des finances fit par décret droit à une partie des désiderata de M. Fournier ; il mit à la disposition des caisses le concours des percepteurs et des receveurs des postes.

Cependant les caisses d'épargne n'ont pas usé de cette faculté que dans une très faible mesure, ainsi à la fin de l'année 1879, 59 caisses seulement avaient eu recours à cette faveur.

La principale raison de l'échec de ce décret, doit être cherchée dans la crainte qu'ont eu les administrateurs des caisses d'épargne, de les voir absorbées par les autorités administratives au profit de l'État, crainte qui explique l'opposition acharnée que ces caisses ont toujours fait à tout projet d'établissement d'une caisse d'État.

Et même en 1881 malgré toutes les déclarations du

rapporteur de cette loi et des ministres, qu'on ne pense nullement à faire disparaître les caisses privées ; celles-ci n'en furent pas moins convaincues, pendant très longtemps, que la nouvelle institution était dirigée contre elles, et qu'elle devait aboutir à leur suppression. Aujourd'hui après une existence de près de 7 ans de la caisse postale, on a fini par comprendre que celle-ci s'adresse plus spécialement aux petits déposants ; et qu'en tout cas la concurrence qu'elle fait aux caisses privées n'est pas meurtrière, et qu'elle aura même eu cet avantage de faire sortir un peu de leur torpeur certaines caisses, qui étaient assez mal administrées.

Mais revenons au décret du 23 août 1875, et aux effets qu'il a produits. Nous venons de dire que très peu de caisses avaient eu recours aux avantages qu'il accordait.

Cet essai infructueux finit par convaincre que les caisses d'épargne privées ne pouvaient, même avec les facultés accordées par le décret de 1875, s'étendre au delà du cercle dans lequel elles agissaient, et l'on sentit la nécessité de créer une caisse nationale.

Une commission fut nommée par la Chambre, pour préparer un projet de loi. Cette commission proposa de mettre les bureaux de poste au service de la caisse nationale ; parce que « la poste a des bureaux partout, elle est connue de tous, et à tous elle inspire confiance. Ses agents sont tenus par leur serment professionnel à la discrétion la plus absolue, considération importante pour les habitants des campagnes, qui n'aiment pas qu'on connaisse leurs affaires[1]. »

Il était en effet incontestable, que l'organisation des caisses d'épargne privées était insuffisante, malgré le dévouement de leurs administrateurs.

D'ailleurs d'autres pays : l'Angleterre, l'Italie, la Belgique, etc., avaient déjà créé des caisses nationales, se servant des bureaux de poste comme auxiliaires dans cette grande œuvre de la collection des petites épargnes populaires.

La nouvelle caisse d'épargne que la loi du 9 avril 1881 institua sous la garantie de l'État, prend le nom de « Caisse d'Épargne Postale » ; elle est placée sous l'autorité du ministre des postes et télégraphes, qui par arrêté et au fur et à mesure des besoins, appelle les bureaux de poste à lui prêter leur concours.

Les fonds sont versés à Paris à la Caisse des Dépôts et Consignations, et dans les départements entre les mains des receveurs et trésoriers chargés du service de cette caisse.

Ces fonds produisent 3,25 0/0 d'intérêt, mais les déposants ne reçoivent que 3 0/0 et ce taux d'intérêt ne peut être modifié que par une loi.

Il y a deux innovations à remarquer dans cette loi de 1881, qui ne fait du reste que consacrer des mesures admises par la pratique antérieure. Les caisses

1. Rapport de la Commission. *Officiel*, 2 juillet 1880.

d'épargne sont autorisées à remettre des livrets aux femmes mariées et aux mineurs, sans l'intervention de leurs représentants légaux. Les mineurs peuvent en outre après 16 ans révolus, retirer les sommes déposées sans le concours de leurs tuteurs, sauf opposition de la part de ceux-ci. Les femmes peuvent aussi retirer les dépôts sauf opposition du mari.

En ce qui concerne le mineur, nous savons qu'il est sans capacité pour faire des actes d'administration ou de disposition ; mais comme ces actes ne sont annulables que pour cause de lésion, on pouvait admettre qu'il acquiert valablement un livret de caisse d'épargne ; d'ailleurs la question semblait tranchée dans ce sens, par l'institution des caisses d'épargne scolaires.

Pour le retrait des sommes déposées la question était plus délicate, et pour parer à toutes éventualités, la nouvelle loi permet au tuteur d'y faire opposition, s'il trouve que le mineur n'agit pas sagement.

La disposition relative à la femme mariée est encore plus délicate, car la nouvelle règle paraissait diminuer le droit du mari comme chef de la communauté, régime qui est généralement celui des clients des caisses d'épargne ; mais comme la jurisprudence admettait un mandat tacite en faveur de la femme pour les dépenses de ménage, et obligeait dans cette mesure le mari ; il était facile de lui permettre de déposer à la caisse ses économies.

C'est ce que fit l'article 6 de la loi de 1881, qui est

ainsi conçu : « les femmes mariées, quel que soit le régime de leur contrat de mariage, seront admises à se faire ouvrir des livrets sans l'assistance de leurs maris ; elles pourront retirer sans cette assistance les sommes inscrites aux livrets ainsi ouverts, sauf opposition de la part de leurs maris ».

C'est donc à tort qu'on a cru voir dans cette disposition une atteinte aux droits du mari ; le législateur de 1881 n'a rien entendu changer au Code civil et il ne fait que consacrer l'interprétation admise par la jurisprudence, comme l'a du reste déclaré formellement M. Le Bastard, rapporteur du projet de cette loi au Sénat.

Si le mari use de son droit d'opposition, la femme se trouve n'avoir plus de mandat, et elle ne peut plus retirer ses dépôts. En outre le mari peut toucher les sommes déposées par sa femme, sans que celle-ci puisse l'en empêcher.

Et ce qui prouve que c'est là le véritable sens de l'article 6, c'est que M. Bozérian avait proposé au Sénat un amendement, qui était ainsi rédigé : « Les maris ne pourront retirer les sommes déposées par leurs femmes, qu'avec le consentement de celles-ci [1] », mais cet amendement a été rejeté, et la Chambre des députés a adopté sans débat le texte renvoyé par le Sénat.

Cette loi de 1881 contient une autre innovation,

1. Documents parlementaires, Sénat, *Officiel*, 29 mars 1881.

elle introduit en France la clause de sauvegarde.

En principe les retraits des sommes déposées peuvent être opérés huit jours après la demande, mais en cas de crise, les caisses ont plus de latitude; ainsi l'article 12 qui est relatif à cette disposition décide que, « dans le cas de force majeure, des décrets rendus, le conseil d'État entendu, pourront autoriser la caisse d'épargne postale à n'opérer le remboursement que par acompte de 50 francs au minimum et par quinzaine », disposition qui est applicable aux caisses privées aussi.

Le minimum du dépôt est toujours le même 1 franc, il n'y a d'exception que depuis le décret du 27 avril 1885, qui permet aux marins d'effectuer des dépôts inférieurs à cette somme, dans les bureaux des succursales de la caisse d'épargne, qui sont ouverts à bord de chaque navire; mais ces fractions de 1 franc ne produisent pas d'intérêt.

Le maximum est élevé à 2,000 francs, et cette disposition s'applique aussi aux caisses privées; cependant il y a une exception à ce maximum en faveur des sociétés de secours mutuels, qui peuvent déposer jusqu'à 8,000 francs.

Les déposants conservent toujours la faculté de se faire acheter par la Caisse des Dépôts et Consignations des titres de rente, toutes les fois que le montant de leurs dépôts suffit, pour acheter 10 francs de rente au moins. En outre si la somme déposée dépasse 2,000 fr.

en capital et intérêts, la caisse achète d'office 20 fr. de rente pour le compte du déposant, après l'avoir préalablement averti.

Quant à l'emploi des fonds, la nouvelle loi ne change rien à l'état antérieur, et on peut même dire que par rapport à la pratique admise par la caisse des dépôts, elle est plus restrictive ; car elle décide (article 19) que l'emploi de toutes les sommes déposées, sera fait en valeurs de l'État français, excluant de la sorte les obligations des compagnies de chemins de fer, que la Caisse des Dépôts avait introduit en petite proportion parmi les effets qu'elle achetait.

Donc des rentes sur l'État, et rien autre chose pour le placement des fonds ; nous verrons plus loin quand nous discuterons la question de l'emploi des capitaux des caisses d'épargne, que c'est là un des plus vifs reproches qu'on ait adressés à la loi de 1881.

La caisse postale est obligée de se constituer un fonds de réserve, qui sera composé du boni réalisé sur les frais d'administration, et de la différence entre l'intérêt produit par les rentes achetées, et le taux de 3,25 0/0 servi à la caisse.

Pour terminer l'analyse des diverses dispositions concernant notre sujet en France, il nous reste à parler de quelques décrets, qui sont venus compléter l'œuvre législative sur quelques points.

Ainsi le décret du 1er avril 1883, qui met en application une loi votée le 3 août 1882, a pour but d'assurer un moyen de contrôle aux déposants ; ce moyen consiste dans la création de timbres spéciaux, appelés timbres-épargne, destinés à être apposés sur les livrets des déposants, au moment même du dépôt et indiquant le montant de la somme versée.

Pour que ces timbres-épargne apposés sur les livrets puissent faire preuve du versement, ils doivent être estampillés par l'agent receveur. Ce système qui est dû à l'initiative de M. Laroche-Joubert paraît très simple et très ingénieux ; mais la cour des comptes ne paraît pas satisfaite de son application, car dans son dernier rapport sur la comptabilité des caisses d'épargne, elle déclare qu'il donne lieu à de graves erreurs.

Un autre décret, en date du 30 novembre 1882, crée comme cela existait en Angleterre et Hollande des bulletins d'épargne, délivrés gratuitement dans tous les bureaux de poste et destinés à faciliter l'accumulation des moindres dépôts, jusqu'à la formation de la somme d'un franc, versement minimum pour avoir droit à un livret de caisse d'épargne. Lorsque ce bulletin a été revêtu de timbres-poste ordinaires de 0,05 ou de 0,10 en nombre suffisant pour former la somme d'un franc, il peut être présenté à tout bureau de poste, qui délivre un livret si le déposant n'en a pas encore, ou porte cette valeur en recette sur le livret qu'il possède déjà.

Enfin un autre décret, celui du 29 octobre 1885, autorise l'institution de succursales de la caisse d'épargne postale à l'étranger, dans toutes les villes où fonctionne un bureau de poste français.

Pour cela il faut un arrêté du ministres des Postes, sur l'avis conforme du ministre des Affaires étrangères. Le receveur des postes gère la succursale, sous la surveillance du consul ou vice-consul, et toutes les opérations sont centralisées par l'agent comptable de la caisse nationale.

Cette institution peut présenter de réels avantages aux Français se trouvant dans des pays soumis à un protectorat, et ayant des petites économies à placer.

Ayant ainsi terminé l'exposé de la législation des caisses d'épargne en France, il nous reste à dire quelques mots sur les caisses d'épargne scolaires, avant de passer à la discussion des problèmes que soulèvent ces institutions.

C'est une très heureuse création que celle des caisses d'épargne scolaires. Elles constituent l'un des plus actifs agents de propagation de l'épargne dans les classes populaires ; non seulement en développant chez l'enfant l'habitude de la prévoyance, mais aussi en la propageant, par l'effet de l'exemple, dans les familles ouvrières.

M. de Malarce nous montre à Bordeaux et à Nantes les dépôts à la caisse d'épargne augmentant sous cette influence.

Pour la collection des dépôts, l'instituteur est élevé à la fonction de directeur d'une petite caisse d'épargne, dans laquelle les élèves déposent leurs sous.

Partout, en Italie, en Angleterre, en Belgique, on fait des efforts constants pour perfectionner ces institutions, et l'on encourage par des primes les instituteurs.

En France, bien que la création de ces caisses ne remonte qu'à 1873, on comptait en 1885 491,060 livrets et 11,934,268 francs. Ce résultat auquel M. de Marlace a beaucoup contribué, est réellement brillant et dépasse de beaucoup celui obtenu par les autres pays.

En ce qui concerne le mouvement d'ensemble de l'épargne en France, voici un tableau contenant les principales indications depuis 1880 à 1886.

Années	Livrets	Montant des dépôts	Moyenne par livret	Moyenne par habitant	Un livret par habitants
1880	3,841,100	1,280,200,000	333		
1881	4,199,228	1,406,131,999	334	35	9
1882	4,645,894	1,793,357,748	386		
1883	4,938,390	1,893,534,661	383		
1884	5,245,775	2,140,682,680	407		
1885	5,618,973	2,367,139,963	420		
1886	5,934,976	2,497,699,162	420	65	6

Le progrès est très remarquable tant au point de vue de la moyenne des dépôts par habitant, qu'au point de vue de la moyenne des livrets qui s'est accrue d'une manière considérable; ainsi pour l'année 1886 nous trouvons un livret sur 6 habitants, tandis qu'en 1881 il n'y en avait que 1 sur 9.

Maintenant, si nous jetons un coup d'œil sur les principaux pays de l'Europe, nous constaterons partout un grand accroissement du montant des dépôts et du nombre des livrets, ce qui est encore plus important; car plus le nombre des livrets est grand, plus on est en droit de conclure que la prévoyance, l'habitude de l'épargne fait du progrès, et pénètre plus profondément dans le peuple.

A ce point de vue, nous voyons la Suisse marcher en tête avec un livret sur trois habitants, la France vient prendre place immédiatement après elle, avec un livret sur six habitants; les autres pays se rangent après, dans l'ordre suivant : l'Angleterre et la Prusse 1/7, l'Autriche 1/10, l'Italie 1/12, la Belgique et la Hollande 1/13.

Et au point de vue de la moyenne des dépôts par habitant, la Suisse vient encore en tête avec 211 francs, ensuite l'Autriche avec 108; mais comme nous avons calculé le florin à 2,50, il faut tenir compte du cours, la Prusse 99 fr., la France 65 fr., l'Angleterre 63 fr., la Belgique 33 fr. et la Hollande 28.

Cependant, il ne faut pas tirer de ces données des conséquences par trop rigoureuses, car le progrès de l'épargne dans un pays ne doit être jugé seulement d'après les dépôts effectués aux caisses d'épargne; mais, pour s'en faire une idée exacte, il faut tenir compte de plusieurs éléments, qui peuvent changer les conclusions, qui paraissent découler de la simple inspection des chiffres.

Il faut d'abord tenir compte de l'habitude plus ou moins développée, chez un peuple, de recourir à l'épargne directe ; ainsi un peuple, composé en grande partie d'agriculteurs, emploiera très souvent ses économies à améliorer le sol à élever des bestiaux ; de sorte que, tout en épargnant, il n'aura pas recours à la caisse d'épargne. Tandis que si l'épargnant rencontre des difficultés pour faire un rapide emploi de ses épargnes, comme dans un pays où la propriété est très concentrée, dans un pays de grande industrie ; il est certain qu'il sera forcé de laisser longtemps ses économies dans une caisse d'épargne ou une banque de dépôt, et attendre qu'elles se soient accumulées jusqu'à un chiffre relativement plus élevé, avant d'en faire un emploi.

En Angleterre par exemple, le petit capitaliste aura beaucoup de difficultés à s'établir à son compte, pour faire de l'agriculture ou de l'industrie, il sera donc forcé de se diriger vers les placemeuts en titres ou les banques de dépôts.

Il y a un autre élément à considérer ; c'est la disposition plus ou moins prononcée d'un peuple pour l'initiative privée ou pour l'association, et des gros dépôts aux caisses d'épargne peuvent prouver quelquefois, que les habitudes du peuple ou les circonstances, rendent les emplois en industrie rares.

Partout où la classe ouvrière a de l'initiative, est éclairée et vraiment progressive, les dépôts à la caisse d'épargne ne tiendront jamais qu'une place secondaire, dans l'emploi de ses économies.

Il y a en outre beaucoup de pays où, à côté des caisses d'épargne il y a des banques populaires, qui attirent une partie des capitaux, qui ailleurs prennent le chemin de la caisse d'épargne.

Pour ces raisons, tout en tenant dans une large mesure compte des indications fournies par les statistiques sur le progrès des caisses d'épargne; il ne faut pas admettre d'une manière absolue, que le pays où il y a plus de sommes déposées à ces caisses, plus de livrets, présente au point de vue de l'épargne une supériorité incontestable sur les autres.

Ayant terminé de la sorte l'exposé des législations en vigueur en France et à l'étranger, nous allons entrer dans la discussion des problèmes économiques, que soulèvent ces institutions.

TROISIÈME PARTIE

Discussion des problèmes soulevés par les caisses d'épargne.

CHAPITRE PREMIER

DE L'INTERVENTION DE L'ÉTAT

La première question qui se pose, est celle de savoir si l'État doit ou non intervenir dans cette matière. En effet l'avis des individualistes à outrance, de ceux qui veulent restreindre le rôle de l'État à ce qu'on a appelé l'État gendarme, c'est-à-dire faisant simplement la police; de ceux qui rêvent un État qui ait le moins d'attributions possible, leur avis serait de laisser aux intéressés le soin d'organiser et administrer les institutions dont ils croient sentir la nécessité.

On dit qu'il n'entre pas dans les fonctions de l'État de pousser à l'épargne, si utile et si importante qu'elle puisse être pour la prospérité individuelle et publique.

On dit encore que si l'État n'intervenait, l'industrie privée serait là pour y suppléer, et l'intérêt particulier aidant, on le ferait avec profit et sécurité.

A ces considérations on en ajoute d'autres, sur l'inconvénient de l'immixtion de l'État dans le champ de l'activité privée ; car ayant des sommes considérables à faire valoir, il est poussé à se faire entrepreneur d'industries, plus que ne le comporte naturellement ses fonctions.

On insiste aussi sur le danger des demandes de remboursement en masse, auquel s'expose l'État, s'il accapare tous les capitaux des caisses d'épargne.

Laissons de côté pour le moment ces dernières critiques, lesquelles nous le reconnaissons ont une réelle valeur, et que nous mettrons plus loin en pleine lumière. Ne retenons pour les combattre que les premières, celles adressées à l'État en tant qu'il encourage l'épargne et crée des institutions pour la recueillir.

Demandons-nous d'abord si l'État doit en principe intervenir dans cette matière. Nous donnerons une réponse à cette question, sans tenir compte de la question éternellement discutable, de savoir jusqu'où l'on doit permettre à l'État de pousser son intervention dans le domaine de l'activité privée ; sans nous inquiéter en un mot de la question des limites à assigner à l'État.

Nous avouons d'ailleurs, que la question des principes nous laisse un peu froid, et que si après recherches faites, nous trouvons que l'intervention de l'État est de nature à produire de bons effets, si elle est nécessaire ou au moins utile, nous n'hésiterons pas à l'admettre.

Aujourd'hui il est hors de conteste que l'État ne doit pas rester neutre à l'égard de l'épargne populaire, et il y a pour cela beaucoup de raisons.

D'abord il y a là en jeu l'intérêt économique du pays, qui est fortement intéressé au drainage des moindres économies, lesquelles très modestes envisagées individuellement, arrivent à former des sommes qui se chiffrent par milliards. Quand il n'y aurait que cette seule raison, elle serait encore suffisante, pour permettre à l'État de prendre des mesures, pour assurer non seulement la bonne gestion de ces capitaux, ce qui serait une simple mesure de police, de surveillence ; mais aussi pour assurer la récollection de ces petites molécules de capital.

Une seconde raison qui milite en faveur de l'intervention de l'Etat, se trouve dans le haut intérêt qu'il y a au développement de l'habitude de l'épargne dans les classes ouvrières, habitude qui a une très grande influence sur le bien-être et la moralité de ces classes.

Et veut-on une preuve de cette bienfaisante influence? La voici : Le docteur Guillaume, criminaliste bien connu du pénitencier de Neufchâtel, a constaté que, sur 100 détenus, 6 à peine étaient munis d'un livret de caisse d'épargne, dans un pays ou sur 100 habi-

14

tants, on trouvait 25 clients de ces institutions. On voit donc par ce seul exemple, quelle peut être l'influence de l'épargne sur la moralité des populations.

Cette dernière raison à une très grande valeur, il suffit de remarquer que l'épargne étant le meilleur préservatif contre la misère, il vaut mieux que l'État s'impose même quelques sacrifices pour faciliter, pour stimuler l'épargne, que de se voir obligé de supporter les charges de l'assistance publique; car il est évident que chaque somme économisée et placée à la caisse d'épargne par les classes nécessiteuses, vient diminuer les sacrifices que l'État devra consentir pour le soulagement des malheureux.

A ce point de vue l'État est fortement intéressé à la création des caisses d'épargne. Les personnes qui réalisent des économies se suffisent en effet, non pas seulement parce qu'elles possèdent quelque chose; mais parce qu'elles deviennent prévoyantes et luttent mieux contre les accidents de la vie, contre le chômage, contre la misère en un mot. Or quel est le meilleur procédé pour lutter contre la misère, pour empêcher le fléau du paupérisme ? Le seul moyen c'est de développer au plus haut point dans toutes les classes de la société, surtout dans celles qui vivent exclusivement du salaire, l'esprit de la prévoyance et de l'épargne. Voilà pourquoi l'État ne peut et ne doit à aucun prix se désintéresser complètement de tout ce qui touche à la récollection des petites épargnes.

Le principe de l'intervention de l'État étant basé sur les raisons que nous venons d'exposer rapidement, il nous reste à rechercher dans quel sens et dans quelle mesure elle doit avoir lieu. L'État peut porter son intervention dans deux directions différentes, c'est-à-dire soit en créant des caisses, ou en mettant à leur disposition le concours plus ou moins étendu de ses administrations, soit en assumant la charge de gérer les capitaux recueillis par ces institutions ; et l'intervention de l'État dans l'un de ces deux ordres d'idées, n'entraîne pas fatalement son intervention dans l'autre.

Ainsi pendant longtemps en France et en Angleterre, l'État a laissé à l'initiative privée et aux autorités locales, le soin de fonder des caisses d'épargne; mais il n'en recevait pas moins les sommes déposées pour lesquelles il leur servait un intérêt. On peut concevoir l'État se tenant absolument à l'écart et n'intervenant que pour poser les règles fondamentales, les conditions d'existence de ces institutions, se réservant pour ainsi dire un simple droit de police. C'était là la théorie la plus accréditée avant l'institution de la caisse d'épargne postale en Angleterre. Et ce fut, nous le savons, celle qui a présidé à la création de ces institutions en Allemagne, en Autriche et en Italie. On pourrait enfin concevoir l'État, mettant tout simplement à la disposition des caisses le concours de ses administrations, celle des postes ou toute autre, qui leur faciliterait la tâche, leur laissant le soin de placer les capitaux recueillis; mais ce système n'a été appliqué nulle part, et nous venons de dire que le système contraire a été pendant longtemps appliqué par la France et l'Angleterre.

Ce fut l'Angleterre qui la première apporta quelque changement à cette pratique, elle institua une caisse d'épargne postale à côté des caisses privées. Cette innovation a obtenu un résultat brillant, et pourtant sans que cela nuise aux caisses privées, qui ont continué à progresser et se développer.

Il y a donc lieu de se demander s'il y a quelque utilité à ce que l'État crée, avec les cadres du service des postes une institution nationale, ayant pour but d'attirer l'épargne.

Cette question fut posée de nouveau en France en 1880, quand on mit à l'étude un projet de caisse d'épargne postale, et les adversaires comme les partisans de cette idée, donnèrent libre carrière à leurs arguments.

L'idée de la création d'une caisse d'épargne postale a été l'objet des critiques à l'étranger comme en France, nous ne voulons pas les discuter toutes, parce que le temps en a fait justice; mais cependant nous devons reproduire deux de ces critiques, qui méritent quelques mots d'explication. On disait d'abord que la caisse d'épargne postale entraînerait la ruine des caisses privées. On disait ensuite que la présence des capitaux considérables que la caisse postale amènerait au Trésor constituerait un grave danger à certains moments.

Ces craintes étaient l'une et l'autre peu fondées, comme nous allons le voir. Il n'y avait pas à craindre que les caisses d'épargne privées, soient ruinées par la caisse postale; et l'expérience des autres pays le prouvait. Il était certain qu'il allait arriver en France ce qui était arrivé en Angleterre; celles des caisses qui se trouvaient dans de mauvaises conditions seraient obligées de liquider et céder la place aux caisses de l'État; mais celles dont l'organisation était bonne, c'est-à-dire la grande majorité, aiguillonnées par la concurrence, devaient faire de nouveaux efforts pour se perfectioner et donner plus de facilités aux déposants.

Ainsi on a vu en Angleterre, après le vote de la loi de 1861, des caisses privées ouvrir des bureaux d'épargne dans les manufactures et recevoir des dépôts dans la soirée, mesures qu'elles n'auraient pas cru devoir prendre, si l'État, ouvrant les guichets de la poste presque toute la journée, n'était pas venu stimuler leur zèle.

Il reste la seconde critique, qui consiste à dire que les sommes déposées à la caisse postale pourraient devenir un danger pour l'État. Nous ne contestons pas que ces capitaux venant augmenter ceux des caisses privées, constituent un danger réel en cas de demandes de remboursement en masse ; mais ce que nous voulons faire remarquer pour le moment, c'est que ces capitaux de la caisse postale ne sont pas à eux seuls aussi importants et qu'aucun danger sérieux n'est à craindre à cause d'eux.

Il y a une chose hors de discussion actuellement, en France même, c'est que l'État par l'organisation d'une caisse postale, a donné un nouvel essor, une nouvelle et heureuse impulsion à l'épargne populaire; d'ailleurs l'exemple de ce qui s'était passé en Angleterre et en Italie le faisait prévoir déjà. Nous disons actuellement, car au moment où on proposa en 1880 d'introduire cette innovation en France, il se trouva beaucoup de défenseurs du système en vigueur qui trouvaient que tout allait pour le mieux, que les caisses privées étaient florissantes, et que l'État n'avait pas besoin de s'immiscer là où l'initiative privée s'était montrée jalouse de remplir tout son devoir.

Au Sénat, M. Henry Fournier se fit l'interprète éloquent de cette doctrine du laisser-faire, pour que l'État n'ait pas à engager sa responsabilité.

D'autres, allant plus loin, lançaient déjà l'épithète de socialistes aux promoteurs de cette réforme.

Ceux qui en général critiquaient l'idée d'une caisse d'épargne postale, au point de vue de la responsabilité que l'État peut encourir de ce chef, oubliaient qu'avant même, celui-ci se trouvait engagé dans cette voie.

Nous avons vu en effet, que les caisses privées ne sont au fond que des établissements servant d'intermédiaires entre les déposants et l'État, et que les sommes recueillies par celles-ci, devant être déposées entre les mains de la Caisse des Dépôts et Consignations, l'État en était responsable.

Cet argument portait donc à faux, du moins en tant qu'on prétendait que l'État se chargeait d'une responsabilité dont il n'était pas tenu jusqu'alors ; seulement il n'en est pas moins vrai que sa responsabilité devait se trouver augmentée par la réussite de cette réforme, réussite qui devait se traduire par un accroissement sensible des capitaux de l'épargne.

Malgré ces critiques, l'intervention de l'État dans ce cas s'explique par de bonnes raisons. L'argument décisif qu'on peut invoquer en faveur de la création d'une caisse nationale postale, est ce qu'on a appelé l'omniprésence de la poste sur tout le territoire du pays.

Cette omniprésence de la poste est très avantageuse à plusieurs points de vue, d'abord elle met à la portée de tout épargnant un bureau pour pouvoir effectuer le dépôt de ses économies sans grand dérangement, ensuite les guichets des bureaux de poste étant ouverts toute la journée, évitent la perte de temps que les caisses privées, qui n'ouvrent que quelques heures par jour, faisaient supporter aux déposants.

Ainsi en 188 quand on institua la caisse postale, la France ne possédait que 1,341 caisses privées et succursales pour recueillir l'épargne ; et la grande majorité des chefs-lieux de canton même en manquaient.

Cela suffit pour nous faire comprendre combien était nécessaire le secours des bureaux de poste, qui fonctionnent presque partout sur le territoire et se trouvent pour ainsi dire sous les pas des déposants; tandis que les caisses privées n'ont qu'un rayonnement fort limité, et n'influent plus en général au delà d'une certaine distance.

En effet, on ne peut pas établir une caisse d'épargne, dans des petites localités où les recettes nettes de la caisse ne suffiraient pas à couvrir les frais d'administration; on peut donc dire qu'avec les caisses privées, il y a forcément des vides qui ne peuvent être comblés que par la caisse postale.

Les caisses postales présentent en outre un autre avantage, qui tient à l'unité de l'administration postale; cet avantage consiste, dans la facilité de continuer des dépôts, de pouvoir grossir la somme déjà déposée, dans un autre bureau, sans aucune formalité de transfert; et surtout de pouvoir retirer les sommes dont on a besoin, sur n'importe quel point du territoire où on se trouverait.

La caisse postale accompagne, pour ainsi dire, le voyageur et même l'émigrant dans ses changements de domicile, se tenant toujours prête à son premier appel, et cela par un mécanisme fort simple. Voici en résumé ce mécanisme : l'administration centrale tient un grand livre où est inscrit le nom et le montant des sommes apportées par chaque déposant, et elle est en continuelle communication avec tous les bureaux, recevant d'eux les détails de leurs opérations, et leur donnant l'avis de payer les demandes faites. Les caisses privées au contraire n'étant pas en relation entre elles, ne connaissent que leurs déposants ; et si ceux-ci veulent retirer ou déposer une certaine somme sur un autre point du pays, ils sont obligés de subir des retards et des formalités sans fin, pour opérer le transfert de leurs dépôts.

En outre, la sûreté du mécanisme de la caisse postale est telle que les fraudes presque inévitables dans les caisses privées, sont réduites à rien.

La raison de cela tient à la disposition prise par l'administration centrale, d'inscrire chaque jour sur le grand livre le nom de chaque déposant et le montant de son dépôt, d'après les informations qui lui sont adressées par les bureaux de poste, et d'en donner immédiatement avis à chaque déposant. Ce dernier a de cette manière une nouvelle garantie et un nouveau moyen de contrôle, car si dans les dix jours de son dépôt, il n'a pas reçu avis de son versement, il n'a qu'à réclamer à l'administration centrale.

Cette centralisation des comptes a un petit inconvénient en cas de retrait des dépôts, la demande devant être envoyée par le bureau où elle a été adressée à l'administration centrale, ce qui entraîne un certain retard ; mais cet inconvénient n'est pas très grave, et le retard occasionné peut donner au déposant le temps de réfléchir, et l'empêcher de faire une dépense qu'il aurait pu regretter après, sans qu'il apporte un obstacle sérieux pour le cas d'un besoin réel.

Donc, si à l'avantage considérable que l'omniprésence du service de la poste donne à la caisse postale, on ajoute ce dernier dont nous venons de parler, c'est-à-dire de pouvoir contrôler facilement les agents des bureaux, il est évident que le système de cette caisse est de beaucoup supérieur à celui des caisses privées ; et comme nous croyons avoir répondu suffisamment aux critiques adressées au principe de l'institution des caisses d'épargne postales, ayant montré la difficulté, l'impossibilité même, où l'initiative privée se trouvait, pour instituer des succursales jusque dans les plus petites localités, nous concluons en faveur de cette institution.

Du reste, aujourd'hui après son succès et son introduction dans beaucoup de pays de l'Europe, on commence à se rendre à la raison.

Maintenant que nous avons établi les principes des caisses d'épargnes postales, revenons à la législation de la France sur cette matière et voyons si le système admis ne présente aucun inconvénient grave.

Nous arrivons ainsi à la discussion des principaux problèmes relatifs aux caisses d'épargne, parmi lesquels celui qui les prédomine tous, à notre avis, est celui qui a trait à l'emploi des fonds recueillis.

CHAPITRE II

EMPLOI DES FONDS

C'est une question des plus discutées, que celle de l'emploi des fonds recueillis par les caisses d'épargne.

Dans le cours de nos développements sur les législations étrangères, nous avons vu dans différents pays, comme : l'Autriche, la Prusse, l'Italie, la Suisse, l'État laissant aux caisses locales la plénitude de leur liberté quant à l'emploi des fonds. D'autres pays au contraire centralisent dans leurs mains tous les dépôts, et l'État se charge de les faire fructifier, d'après des règles généralement très restrictives. Nous avons vu enfin que la France fait partie de ce second groupe de pays avec l'Angleterre et la Belgique.

De ce dernier système, il découle donc cette conséquence forcée, que l'État devra se porter garant du remboursement des dépôts qu'il a entre les mains, et en outre s'obliger à servir aux déposants un intérêt, dont le taux est réglé par une loi. Nous avons donc au fond deux types de caisses d'épargne : 1) les caisses privées, c'est-à-dire celles qui fondées par l'initiative privée, ou celle des autorités locales, administrent et gèrent les fonds recueillis en toute liberté, en se conformant toutefois aux statuts ou règlement qui les régissent ; et 2) en face de celles-ci et diamétralement opposées au point de vue du placement des fonds, celles qui servent de simples intermédiaires entre les déposants et l'État, et laissent à ce dernier, les charges et les dangers de la gestion financière.

Il nous faut exposer les avantages et les inconvénients de l'un et l'autre des deux types de caisses; pour cela il suffit de prendre le système français, dont nous nous occupons spécialement, et montrer les critiques qu'on peut lui adresser, critiques trop souvent méritées d'ailleurs, et aussi les arguments qu'on peut invoquer en sa faveur; ce qui constituera la meilleure manière de mettre en relief les avantages et inconvénients de chacun de ces types de caisses.

Les principales critiques qu'on peut adresser au système actuel de la France, peuvent se résumer de la sorte: 1) Tous les capitaux de l'épargne accumulés dans les mains de la Caisse des Dépôts et Consignations, sont un danger constant pour l'État, qui est exposé à des demandes de remboursement en masse en cas de crise, danger qui est encore augmenté par le mode de placement en vigueur.

2) Ces capitaux poussent les gouvernements à des dépenses extraordinaires, qu'on éviterait ou qu'on pourrait entreprendre dans de meilleures conditions, s'il fallait commencer par créer les ressources nécessaires, avant de les mettre à exécution.

3) L'État, en concentrant entre ses mains toutes les sommes déposées, enlève aux localités les capitaux qui leur seraient d'une très grande utilité pour l'agriculture, l'industrie et le commerce.

Enfin il y a encore d'autres critiques, au point de vue de l'intérêt à servir, du maximum des dépôts, etc., critiques que nous retrouverons plus loin.

Reprenons une à une ces critiques:

SECTION PREMIÈRE

DANGERS EN CAS DE CRISE

Nous avons vu qu'une des conditions pour le bon fonctionnement des caisses d'épargne, est celle de rembourser les déposants au moment même où ils en font la demande; pour cela il faut que les capitaux soient employés de telle façon, qu'ils puissent être facilement réalisables, ou du moins qu'une partie puisse être immédiatement rappelée dans les caisses et le reste à courte échéance, pour faire face aux demandes.

Cela a une très grande importance, surtout en cas de crise politique ou industrielle.

Il est évident que les capitaux de l'épargne, qu'ils soient confiés à l'État ou à une caisse privée, doivent être employés d'une façon ou d'une autre, pour leur faire produire les intérêts que l'on doit servir aux déposants; mais ils ne peuvent être employés, du moins en une proportion considérable, dans des travaux d'une utilité lointaine, qui les immobiliseraient pour longtemps; ce sont des capitaux qui doivent être toujours disponibles, en partie au moins.

Il faut donc que la gestion se fasse avec la plus grande circonspection.

Pour apprécier à ce point de vue la valeur des deux types de caisse d'épargne que nous avons distingués, nous devons rechercher qu'est-ce qui va se produire en cas de crise.

D'abord nous croyons que, dans les mêmes conditions de placement des fonds, une caisse privée ou locale supportera bien plus facilement, qu'une caisse unique rayonnant sur tout le pays, les crises de toute nature.

En effet, quand il s'agit d'une caisse locale, les déposants et les dépositaires étant moins nombreux, se connaissent mieux, ont plus de confiance réciproque; les déposants savent que les capitaux employés dans la région, ne peuvent pas en sortir et se retrouveront toujours. Ensuite ces affolements que les grandes villes et les grandes caisses connaissent quelquefois, auront moins de portée avec le système de la multiplication des caisses.

Tandis que, s'il y a un seul débiteur l'État, tous les déposants se presseront dans les moments d'inquiétude, aux guichets des caisses, ne fût-ce que de peur de se voir devancés par les autres.

La centralisation, par elle seule, engendre d'après nous la défiance.

Mais enfin mettons qu'il n'y ait aucune supériorité marquante de l'un des types des caisses d'épargne sur l'autre à ce point de vue, et recherchons quel doit être l'emploi des capitaux pour parer autant que possible aux événements, et tâcher de remplir fidèlement les conditions du contrat intervenu entre déposants et dépositaires.

La commission nommée par la Chambre des Députés, pour étudier le projet de loi sur la caisse postale, ne paraît pas s'être rendu compte du danger que fait courir à l'État le mode de placement des capitaux admis. Ainsi elle dit : « La présence des capitaux trop considérables dans les caisses de l'Etat aurait été un danger, si l'emploi n'en avait été réglé par une disposition très sage [1]. » Voyons quelle est cette disposition si sage dont parle la commission. Elle est contenue dans l'article 19, qui prescrit l'emploi de toutes les sommes déposées à la Caisse des Dépôts, en valeurs de l'État français, c'est-à-dire en rentes, ou en compte-courant au Trésor.

Maintenant supposons une demande en masse de ces capitaux par les déposants, nous verrons l'Etat dans l'obligation de rembourser en argent toutes les demandes, et pour cela il n'aura d'autres ressources,

1. *Rapport à la Chambre. Officiel* 2 juillet 1880.

que les rentes que la Caisse des Dépôts aura acheté en exécution de la loi.

Mais il est nécessaire de faire une distinction, entre les crises politiques et les crises industrielles. Dans le cas d'une crise politique les titres de rente subissent des pertes considérables, donc l'État se trouvera dans la nécessité de vendre ces titres dans de très mauvaises conditions, pour faire face aux demandes de remboursement, et plus ces demandes seront nombreuses, plus les conditions dans lesquelles la vente se fera seront désastreuses; car l'Etat sera obligé de jeter une plus grande quantité de titres déjà dépréciés sur le marché public, ce qui contribuera à les faire baisser davantage.

Dans le cas d'une crise industrielle, l'effet ne se fera pas ressentir beaucoup sur le cours des rentes; elles pourront même voir ceux-ci s'élever, car les emplois industriels étant désertés, une grande quantité de capitaux affluera vers les rentes, qui se trouvent être dans de pareilles circonstances le meilleur placement possible, sinon le seul refuge des capitaux disponibles. Dans ce cas donc, les demandes de remboursement ne produiront aucun trouble, les rentes pourront être vendues dans de bonnes conditions.

En résumé donc, en cas de crises politiques, celles qui sont le plus à craindre, on verra les déposants demander de l'argent, ce que l'État s'est obligé à lui rendre et non des titres de rente, dont il n'aurait que faire ; et l'État se trouve dans une très mauvaise situation, n'ayant aucun encaisse pour parer à ces éventualités.

Voilà les critiques que l'on adresse à la loi de 1881 ; à cela que répond-on, quels sont les moyens que les défenseurs de ce système proposent d'employer en cas de crise ?

En dehors de la vente des titres de rente, vente qui se fera dans de mauvaises conditions, comme nous l'avons déjà exposé, et dont la perte sera compensée dit-on, par les sommes mises en réserve par les caisses, on propose un autre moyen qui est le suivant :

La Caisse des Dépôts ayant des titres de rente d'une réelle valeur peut comme tout particulier emprunter sur ces titres à la Banque de France ou à tout autre établissement de crédit, et avec les sommes obtenues faire face à ses obligations. C'est là à bien réfléchir le meilleur moyen de se tirer d'affaire, sous le régime actuel des caisses d'épargne ; mais pour que ce procédé n'entraîne pas de grosses pertes et pour qu'il puisse réussir complètement, il faut le concours de plusieurs circonstances favorables.

Il faut d'abord qu'on puisse trouver, dans de pareilles circonstances, une banque disposée à prêter des sommes aussi considérables, sur des titres qui, dans les deux dernières grandes secousses que la France a eu à subir en 1848 et 1870, se sont dépréciés de la moitié de leur valeur antérieure. A cela on nous répond qu'il y a toujours la Banque de France, qui sera en mesure de prêter les capitaux demandés ; et cela lui sera d'autant plus facile ajoute-t-on que, dans de pareilles circonstances, on ne manquera pas de décréter le cours forcé.

Mettons que la Banque de France ou tout autre institution financière pourra prêter une certaine somme sur les titres de rente, il n'en reste pas moins une dernière condition, pour qu'on puisse traverser la crise sans manquer aux obligations ; il faudra que cette crise ne se prolonge pas pendant trop longtemps, car malgré la clause de sauvegarde, dont nous aurons à parler plus loin, il est évident qu'il ne faudra pas longtemps, pour arriver à constater que les caisses ont besoin de tout leur capital nominal, pour rembourser les demandes.

Ainsi on a calculé, en 1886, qu'il faudrait 150 millions par quinzaine à la Caisse des Dépôts, pour répondre par des acomptes aux demandes de remboursement, si tous ceux qui y ont droit l'exigaient. Donc il faudra 300 millions par mois et pour peu qu'une crise se prolonge, on arrivera à liquider complètement les caisses d'épargne. Et comme la Caisse des Dépôts, si elle a emprunté, comme un simple particulier sur ses titres, n'a dû avoir qu'une partie de la valeur de ces titres, d'après le cours de l'époque, que fera-t-elle pour le reste? Il faudra bien que l'État intervienne pour combler la différence entre les sommes obtenues de la banque, et celles nécessaires pour payer les déposants.

De quelle manière l'État s'y prendra-t-il? Cela on ne le dit pas, ce sera probablement encore le cours forcé auquel on aura recours ; et si l'État ne veut pas perdre cette différence, il faudra qu'il fasse garder ces titres, jusqu'à l'époque où ils reviendront à leur taux d'achat, ce qui ne manquera pas d'être assez long.

Il y a un autre moyen, dit-on, pour faire face aux demandes de remboursement. Nous n'en parlons que pour mémoire, et parce qu'il a été employé en 1848 et 1870 ; il consiste à donner aux déposants qui demandent de l'argent des rentes sur l'État.

A cela nous répondrons en deux mots : Si l'on donne la rente au cours du jour, il n'y a, à part la violation du contrat qui oblige les caisses à rembourser les dépôts en argent et non en rentes, aucune différence entre ce procédé et celui que l'État emploie, quand il se décide à vendre les titres de rente des caisses, pour rembourser les demandes ; car que ce soit l'État qui jette cette quantité de rentes sur le marché, ou que ce soit les déposants qui, ayant reçu en paiement des rentes, sont obligés, pour avoir de l'argent, de les écouler sur le marché, l'effet sera le même, les rentes se déprécieront toujours.

Mais on peut encore employer un autre moyen, et le procédé a été expérimenté aussi en 1848, on peut donner de la rente au pair ou à un taux supérieur à celui du cours du jour; mais alors il y a non plus seulement une violation du contrat, mais une spoliation des déposants, une véritable faillite, qui entraînerait le discrédit de ces institutions, et l'État serait, à juste titre, rendu responsable de cette spoliation. Ce moyen a été employé, comme nous venons de le dire, en 1848 et, à en juger par les déplorables effets qu'il a produit sur les caisses d'épargne, qui ont mis longtemps à se relever de leur discrédit et à regagner la confiance publique, nous espérons que personne dans l'avenir ne songera plus à y avoir recours.

Mais dit-on, il est difficile d'admettre qu'une crise, aussi forte qu'elle soit, ait autant d'étendue et de durée pour qu'on se voie obligé de rembourser tous les capitaux déposés, et pour cela on cite la plus terrible crise, dit-on, celle de 1871 qui n'a pas eu une influence aussi fâcheuse sur les caisses d'épargne.

On a remboursé une assez grande masse de capitaux, mais malgré tous les désastres, on a été loin d'avoir besoin de toutes les sommes déposées Ainsi les sommes remboursées ne représentent qu'à peine le tiers de la somme totale des dépôts; on a vu même des dépôts effectués pendant cette période de crise, dépôts qui se sont élevés à presque un million. Et même en admettant que toutes les sommes soient exigées, on dit, que les mêmes inconvénients se produiront, si les capitaux gérés par les caisses locales, sont employés dans des placements variés.

Prenons n'importe lequel des pays où les caisses

d'épargne sont libres de gérer comme elles l'entendent leurs capitaux et voyons, dit-on, si cet emploi est de nature à ne pas présenter les mêmes inconvénients. L'Autriche, par exemple, ou la Prusse, ou l'Italie, ayant disséminé leurs capitaux dans diverses espèces de placements, ayant parcouru toute la gamme du crédit, depuis le crédit foncier, le crédit communal ou provincial, jusqu'au crédit industriel commercial et agricole ; croit-on que ces pays se trouveront dans de meilleures conditions que l'État français, qui a tous ses capitaux placés en rentes, si une crise surgit?

Les sommes placées sur hypothèques seront-elles plus facilement réalisables? de même celles prêtées à l'industrie et au commerce pourront-elles être rappelées immédiatement, pour faire face aux demandes de remboursement?

Donc, conclut-on, les caisses n'ayant pas même la ressource de pouvoir vendre leurs titres, ou de les mettre en gage en empruntant sur eux, se trouveront dans des conditions plus difficiles encore pour tenir leurs promesses.

Cet argument paraît très fort à première vue, en effet, quand on ne va pas au fond des choses et que l'on se dit simplement qu'il y a là en présence deux caisses, dont une a des titres de rente, titres fort solides pour parer à ses besoins, et l'autre a son argent employé en hypothèques, lettres de change, prêts sur titres, etc., il est incontestable que la première paraît être, dans une situation beaucoup plus satisfaisante pour faire honneur à ses engagements.

Mais si l'on veut bien se donner la peine, d'approfondir un peu ces emplois si variés des fonds des caisses d'épargne, on verra qu'ils sont tout à fait préférables à l'emploi exclusif en rentes.

On remarquera, qu'aujourd'hui on s'occupe de transformer, si cette transformation n'est déjà un fait accompli partout, on s'occupe de transformer disons-nous, les prêts hypothécaires en obligations foncières; c'est-à-dire qu'on a mobilisé ces prêts, et les obligations foncières qui les représentent, prenant pour ainsi dire des ailes, sont devenues des valeurs de portefeuille et des valeurs très solides, qu'on peut vendre ou mettre en gage aussi bien que des titres de rente sur l'État. On peut en dire autant des prêts faits aux communes, aux départements ou provinces, qui sont représentés par des obligations des villes ou des provinces.

Nous voyons donc qu'au fond ces prétendus capitaux immobilisés, ne le sont pas autant qu'on peut le penser au premier abord, qu'ils ne le sont même pas du tout

Mais peut-on répondre : soit, vous avez des obligations foncières ou autres dans votre portefeuille, mais en quoi ces valeurs peuvent être supérieures aux titres de rente, qui sont les plus solides et les plus recherchés des valeurs mobilières ?

A cela nous répondrons, en rappelant la distinction que nous avons déjà exposée, entre les crises purement industrielles ou financières, qui sont de beaucoup les plus légères et produisent des effets moins graves, et les crises politiques comme celles qui menaçant la forme ou l'existence d'un État, produisent des effets désastreux, dont le contre-coup se fait sentir profondément dans les classes nécessiteuses.

Eh bien, c'est à ce point de vue que l'emploi varié des fonds, et dans des proportions que la sagesse indique, est à nos yeux un des mérites du système des caisses d'épargne privées.

Ainsi supposons une crise industrielle, dans ce cas les sommes placées qui pourront faire défaut à l'appel de ces caisses, seront justement celles qui ont été prêtées à l'industrie, au commerce ou aux institutions financières ; mais ces caisses auront toujours leurs titres pour les vendre ou emprunter sur eux. Et comme il est reconnu qu'en pareilles circonstances les capitaux, craignant de se porter vers les emplois de l'industrie ou du commerce, plus fructueux mais en même temps plus hasardeux, iront de préférence vers de solides titres de placement ; les caisses privées avec leurs obligations foncières, leurs obligations des villes et des provinces et aussi avec leurs titres de rente, car elles n'excluent pas la rente de leur portefeuille, pourront amplement faire face aux demandes, qui d'ailleurs sont peu considérables.

Donc en cas de crise industrielle ou financière, pas d'infériorité vis-à-vis des caisses qui n'ont que des rentes en portefeuille.

Mais si nous supposons une crise politique, un ébranlement des assises d'un État, une révolution ; c'est alors que nous verrons apparaître la remarquable supériorité du système de placement des caisses privées.

Il est en effet certain que dans ces crises, comme ce sont les institutions de l'État, ses bases mêmes qui sont en jeu, c'est son crédit qui est le premier et le plus profondément atteint ; ses titres se déprécient quelquefois de moitié de leur valeur, c'est-à-dire de celle qu'ils avaient en temps calme ; tandis que les autres titres de crédit sont plus longs à se déprécier et la dépréciation est de beaucoup moindre.

Pour mieux faire ressortir l'avantage des placements variés en temps de crise politique, nous allons montrer la dépréciation subie en 1848 et en 1871 par les rentes et quelques autres principaux titres de crédit.

Ainsi pour l'année 848 nous trouvons dans les Tableaux des Cours des Valeurs Publiques de M. Alphonse Courtois, la rente cotée aux taux suivants : le 5 0/0 à 50 francs, le 4 0/0 à 46 et le 3 0/0 à 32,50 ; dans tous ces cas la dépréciation est de plus de moitié de la valeur, que ces mêmes titres avaient eu dans le courant de l'année. Quant aux autres titres de crédit nous n'en trouvons pas beaucoup, mais en tout cas ceux qui existent, peuvent nous donner une idée de la dépréciation subie ; ainsi les obligations de la ville de Paris 4 0/0 émises à 1000 francs et cotées le plus haut à 1330, ne sont descendues que jusqu'à 865, les obligations 4 0/0 des mines de Grand'Combe et les obligations 5 1/2 0/0 de Decazeville n'ont rien perdu du taux de leur valeur.

En passant à l'année 1871, voici ce que nous trouvons, les titres de rente 4 1/2 0/0 tombent à 74,50 et le 3 0/0 à 50,35, tandis que les obligations de la ville de Paris 4 0/0 émises à 500 et cotées le plus haut à 480 francs, ne descendent qu'à 415, les obligations du département de la Seine 4 0/0 émises à 250, descendent de 230 à 200 francs, les obligations du Crédit Foncier 4 0/0 émises à 500, descendent de 500 à 425 francs; enfin toutes les obligations des chemins de fer font des pertes minimes, et les actions des sociétés industrielles elles-mêmes, ne font que des pertes peu considérables en rapport avec les rentes.

De cette comparaison il ressort donc clairement, que les rentes sur l'État sont les titres de crédit qui ont le plus perdu, et relativement dans des proportions considerables, dans les deux dernières crises politiques que la France a traversées.

On voit donc que l'État en employant en rentes seulement les capitaux des caisses d'épargne, se met de son plein gré dans de très mauvaises conditions pour le remboursement.

Le système consacré par la loi de 1881 est donc très mauvais, et il serait temps de le modifier ; parce qu'il constitue un véritable danger, qui va en grossissant avec les sommes déposées.

Il y a un autre argument, que l'on fait valoir en faveur de l'emploi des capitaux en rentes. Cet argument peut se résumer ainsi ; le gouvernement qui possède les fonds des déposants, s'assure leur concours et au besoin, dit-on, chaque déposant descendrait dans la rue, pour défendre le pouvoir existant. Cet argument qui avait cours surtout avant 1848, sous le gouvernement de Louis-Philippe, a beaucoup perdu de sa valeur, vu qu'en 1848 il a dû se trouver parmi ceux qui étaient les plus acharnés contre le gouvernement, pas mal de clients de la caisse d'épargne.

Nous avons fini de la sorte avec les critiques adressées au système actuel, au point de vue du remboursement des dépôts, critiques que nous avons groupées sous le titre de dangers en cas de crise.

Passons au second groupe de critiques.

SECTION II

CES IMMENSES CAPITAUX POUSSENT AUX TRAVAUX INCONSIDÉRÉS

La loi de 1881 n'impose pas l'obligation sévère à la Caisse des Dépôts et Consignations de placer tous les capitaux des caisses d'épargne en rentes ; elle a la faculté, si le ministre des finances ne s'y oppose, de déposer au Trésor en compte-courant des sommes provenant de la même source ; et comme le chiffre jusqu'à concurrence duquel ce compte-courant peut monter, n'a été fixé que tout récemment par la loi de finances du 31 décembre 1886, il en résultait que le gouvernement pouvait, à son gré, recevoir en compte-courant au Trésor, toutes les sommes que l'épargne populaire venait apporter aux caisses.

Voici un tableau qui indique le montant de ce compte-courant depuis 1875 au 31 mai 1886 :

1875.......	141,548,733,04
1876.......	150,323,869,88
1877.......	246,258,578,81
1878.......	187,816,338,69
1879.......	249,376,655,21
1880.......	377,309,588,19
1881.......	508,960,360,67
1882.......	959,208,289,81
1883.......	152,012,977,56
1884.......	259,294,107,27
1886.......	431,483,900

Toutes ces sommes venaient alimenter les besoins du Trésor, tantôt pour couvrir les déficits, tantôt pour entreprendre des travaux extraordinaires, qu'on n'aurait pas entrepris si les capitaux considérables des caisses d'épargne n'avaient pas tenté les gouvernements.

Ces capitaux constituent donc, comme le dit M. Leroy-Beaulieu, « une occasion permanente d'entraînement, des ressources extrabudgétaires, qui sollicitent en quelque sorte le Trésor aux entreprises inutiles[1] », et une fois qu'on a dépensé ces sommes, arrive un moment où l'on se met à réfléchir et l'on se demande comment pourra-t-on payer les caisses d'épargne ; et comme le Trésor se trouve ne pas avoir ces sommes, on est très embarrassé.

Pour s'acquitter de cette dette, le gouvernement peut prendre plusieurs voies, il peut avoir recours à un emprunt ou à des nouveaux impôts ; mais ce serait avouer au pays entier qu'on a entrepris des travaux sans avoir des ressources disponibles. Et comme le pays s'aviserait peut-être de trouver ce procédé peu à son goût, et avec d'autant plus de raison, que le même gouvernement qui a fait ces dépenses, est arrivé au pouvoir avec le ferme espoir ou du moins ayant pris l'engagement de ne pas créer des nouveaux impôts et de ne pas faire d'emprunts, alors on a recours à un procédé fort simple et qui réussit toujours.

Ce procédé voici comment l'expose M. Léon Say, ministre des Finances en 1882, auquel on reproche justement de manquer à la parole donnée, de ne pas émettre d'emprunt : « J'ai, disait-il devant la Cham-

1. M. Leroy-Beaulieu, *Economiste français*, 21 février 85.

bre, en s'adressant à la caisse des Dépôts, j'ai en compte-courant 650 millions provenant de vos fonds des caisses d'épargne, j'efface ce chiffre de votre compte-courant et vous remets de la rente amortissable pour une égale somme ». On voit, le procédé est excessivement pratique, et a ensuite l'avantage de paraître ne pas démentir le programme de : pas d'impôts nouveaux, pas d'emprunts.

Mais en regardant d'un peu plus près, on voit qu'il y a bien là un emprunt et encore un emprunt de la pire espèce, parce qu'il est fait presque clandestinement et le gros du public ne s'en aperçoit pas. Nous reconnaissons bien volontiers qu'au fond la Caisse des Dépôts et les caisses d'épargne aussi n'y perdent rien, elles ont toujours leurs titres de rente, mais il y a quelqu'un qui perd beaucoup, par l'emploi de ce procédé, ce quelqu'un c'est le pays.

Par ce procédé le gouvernement n'ayant pas à redouter la publicité de l'emprunt, qui est une grande garantie pour le pays; et ayant toujours des sommes considérables sous la main, se laisse facilement entraîner à des dépenses sinon inutiles du moins inconsidérées.

Ce procédé fut employé avec succès jusqu'en 1882, quand le gouvernement procéda à une consolidation de près d'un milliard par la loi du 31 décembre 1882 sous la proposition de M. Léon Say, qui peu auparavant reprochait vivement à M. Allain-Targé, son prédécesseur au Ministère des Finances, de vouloir faire des ponts et des chemins de fer avec les fonds des caisses d'épargne.

Voilà donc à quoi servent les capitaux des caisses d'épargne, ils vont grossir chaque année la dette flottante, jusqu'au jour où un ministre des finances inquiet de la responsabilité qui pèse sur sa tête ; se voit obligé de proposer une nouvelle émission de rente, émission faite exprès pour payer la dette de l'État envers les caisses d'épargne. L'État crée donc des rentes pour transformer une dette exigible en argent, en une autre dette qui, si elle n'est pas exigible en argent pour le moment, pourra la devenir, si une crise grave vient à éclater.

Mais à ce mal il y a un remède, dit-on, une loi peut fixer le total du compte-courant des caisses d'épargne soit privées soit postale; nous reconnaissons qu'une loi en ce sens pourrait apporter un peu d'ordre dans la manière d'agir de l'administration des finances; et le projet du 6 juillet 1886 contient une disposition à cet égard, mais on sait de longue date, et c'est ici le cas de le rappeler, que les lois ne valent que par l'usage que l'on en fait; car il est certain que si un ministre des finances est disposé à éluder la mesure prise dans ce sens et que les chambres l'approuvent, cela lui sera bien facile : on n'aura qu'à voter chaque année un emprunt équivalent aux sommes que les caisses d'épargne ont à placer, et la Caisse des Dépôts s'empressera d'acheter cette rente, avant même qu'elle ait été lancée sur le marché.

Ce système est d'autant plus à redouter, qu'il y a des personnes qui, tout en condamnant les consolidations dans les conditions que nous venons d'indiquer plus haut, ne craignent pas de dire que, si l'État ayant besoin d'une certaine somme, les chambres votent un emprunt, il est préférable de passer ces rentes à la Caisse des Dépôts en échange des capitaux de l'épargne ; de cette façon, dit-on, on évite que les nouvelles rentes viennent sur le marché faire concurrence aux anciennes.

En résumé donc et pour finir avec les critiques groupées sous ce deuxième chapitre, nous dirons que l'État se sert des capitaux de l'épargne, pour faire exécuter des travaux extraordinaires, capitaux qu'il se procure par une voie détournée et qu'il dépense souvent sans grand profit.

Ayant fait ressortir cet autre inconvénient, des lois actuelles qui régissent les caisses d'épargne, passons au troisième groupe de critiques, qui sont d'après nous, de nature à porter le dernier coup à cette législation surannée.

SECTION III

CES CAPITAUX SONT PERDUS POUR LA PRODUCTION

Nous venons de voir à quoi servent les capitaux des

caisses d'épargne, et d'après certains esprits, auxquels le législateur de 1881 se conformant en cela à ses dévanciers a donné raison, ces capitaux paraissent destinés à ne connaître d'autre emploi que la rente ; à moins qu'ils ne soient placés en compte-courant au trésor, en attendant qu'ils soient transformés par l'opération que nous avons décrit encore en rentes.

Nous avons vu aussi que d'autres pays, depuis bien longtemps, depuis l'institution des caisses d'épargne, c'est-à-dire bientôt un siècle, ont laissé aux administrateurs des caisses le soin de trouver l'emploi de ces capitaux ramassés goutte à goutte, et les renvoyer après leur formation dans la circulation, pour féconder le travail et cela sans inconvénients graves.

Pourquoi ces pays ont-ils agi de la sorte? n'y aurait-il pas là un certain avantage pour le travail?

Si on mettait tous ces capitaux de l'épargne à la disposition de l'industrie, de l'agriculture et du commerce, ne pourraient-ils rendre de réels services à la production?

Le pays où l'on néglige un élément de production aussi important, ne se met-il pas volontairement en état d'infériorité au point de vue du travail vis-à-vis des pays qui savent tirer de ces capitaux tous les services qu'ils peuvent rendre ?

Par ce temps de concurrence à outrance, n'est-ce pas une grossière faute de se priver du concours de ces capitaux ? Se poser la question de savoir s'il vaut mieux porter les épargnes à l'État, ou les prêter à l'industrie et au commerce, c'est se demander s'il vaut mieux « porter de l'eau à la rivière », comme s'exprime dans un langage très imagé M. Fr. Vidal ; et en continuant il ajoute : « mieux vaudrait puiser à la rivière, pour arroser les plaines et au besoin les collines, pour créer la fécondité dans les campagnes, pour vivifier le travail dans les véritables ateliers de la production[1] ». En effet, partout dans l'industrie, dans le commerce et surtout dans l'agriculture le besoin des capitaux se fait sentir, et combien ces capitaux de l'épargne pourraient profiter au progrès par un emploi judicieux!

Il y a ensuite un autre côté fort important, dans la question de l'emploi des fonds de l'épargne à la fécondation du travail.

Il y a à envisager les bénéfices, que les classes travailleuses pourraient retirer de ces capitaux.

En effet, dans toutes les classes de la société nous voyons les individus travaillant, épargnant et faisant servir ensuite cette épargne à perfectionner leur travail, en s'assurant de nouveaux instruments de travail et de crédit ; il paraît cependant, pour certains esprits, que les classes les plus pauvres seules ne doivent pas agir de même. Il faut que l'ouvrier, le domestique et le petit employé, après avoir peiné et épargné, voient leurs petites économies aller augmenter la dette flottante, au lieu d'être employées à

1. M. F. Vidal. *Les Caisses d'épargne*, p. 19.

féconder la province le département ou le canton qu'ils habitent, et en facilitant le travail, augmenter le bien-être et le progrès des classes auxquelles ces économies appartiennent.

Il serait de toute justice que les épargnes des pauvres aillent féconder le travail des pauvres, et ce serait « quelque chose de considérable que de pouvoir employer, au profit de l'agriculture, du commerce et de l'industrie les épargnes populaires[1] ».

Qu'on regarde ce qui se passe en Italie, on voit, dans les tableaux de l'emploi des fonds, que les caisses d'épargne emploient une partie considérable de eurs capitaux au profit du travail sous toutes ses formes, en lui faisant trouver du crédit auprès d'elles ; elles prêtent aussi aux banques populaires, et l'Autriche, la Prusse, la Suisse agissent à peu près de même, et s'en trouvent très bien.

« Il en devrait être des fonds de l'épargne, dit M. Leroy-Baulieu, à peu près comme de cette humidité, que le soleil pompe sur tous les points de la surface terrestre, qu'il condense en nuages, et qu'ensuite il déverse au moment opportun sur tous les points où il l'a recueillie, pour arroser la terre et la rendre féconde.

« Restituer après les avoir réunies, aux diverses localités, tout au moins aux différentes régions, les molécules de capitaux qui s'y sont formés, voilà quel

1. M. Léon Say. *Dix jours dans la Haute-Italie*, p. 16.

devrait être le rôle des caisses d'épargne », et plus loin il ajoute : « supposez que toute l'humidité, qui s'est évaporée de tous les points de la terre et qui s'est agglomérée pour former les nuages, au lieu de se déverser sur tous les points du globe sous la forme de neiges et de pluies, se concentre sur deux ou trois points déterminés et s'y précipite en déluges torrentiels et continus, vous aurez un système où la terre deviendrait bientôt stérile [1]. »

Il faudrait que la caisse d'épargne, après avoir opéré le drainage des petits capitaux, après les avoir puisés aux sources les plus humbles, les plus obscures mais très nombreuses, où l'activité nationale les enfante, après les avoir accumulés et condensés dans des grands réservoirs, les refoula vers le travail d'où ils sont provenus, faisant ainsi l'office que fait le cœur dans le corps des animaux ; qui après avoir reçu au prix des peines que tous les membres se sont donnés la nourriture, la renvoie sous forme de sang, à tous ces membres pour les reconforter et leur rendre des nouvelles forces, pour qu'ils puissent se remettre à l'ouvrage.

En France les caisses d'épargne n'ont encore fait que la moitié de cet office, qui doit pourtant être leur œuvre, « elles se sont bornées à réunir les capitaux, pour les confier à l'État ; de même qu'il y a un drainage dans un sens, il faudrait en créer un autre dans le sens opposé, c'est-à-dire qu'il faudrait trou-

1. M. Paul Leroy-Beaulieu, *Economiste Français*, 21 février 1885.

ver dans les diverses parties du territoire des groupes de collectivités de producteurs, se chargeant d'employer les capitaux, de les féconder par leur activité et d'apporter aux caisses d'épargne, l'intérêt qui doit être servi aux déposants »[1].

En face de ce système, qui admet la juste répartition des capitaux dans les différentes régions, et précisément en proportion de l'activité développée par ces régions, répartition qui a ici le caractère d'une récompense, pour l'activité et la bonne conduite dans le passé, d'un encouragement pour l'avenir, et qui constitue le levier avec lequel les classes laborieuses, pourront soulever le fardeau de la misère ; en face de ce système, disons-nous, si juste et si profitable au développement économique du pays et spécialement des classes les plus dignes d'intérêt, que trouvons-nous?

Un système qui consiste en une absorption continuelle de ces capitaux par l'État.

Tant que la prospérité dure et que ces capitaux affluent aux caisses d'épargne, on n'a qu'une chose à regretter, c'est qu'ils restent sans grande influence sur la production qui en est privée ; mais si les mauvais jours arrivent, si une crise éclate, les choses changent.

Ces capitaux non seulement cessent de se diriger

1. M. Hubbard, *Que deviennent les fonds confiés à l'Etat?* brochure, p. 37.

vers les caisses d'épargne, mais encore ils deviennent un très grave embarras pour l'État, qui se voit assailli par les demandes de remboursement.

A toutes ces critiques, on répond, qu'il est d'abord très juste que l'État place ces capitaux en rentes ; on donne ainsi, dit-on, à ces titres un marché plus étendu, et c'est là la moindre récompense qu'on puisse donner à l'État, pour tous les sacrifices qu'il s'impose pour les caisses d'épargne.

Il y a dans cette manière d'agir, un fait que nous ne contestons pas, c'est que l'État trouve un avantage considérable ; il s'assure de cette façon une clientèle pour ses titres, qui n'est pas à dédaigner.

Il y a aujourd'hui 2 milliards et demi, déposés aux caisses privées et près de 250 millions à la caisse postale ; c'est là une somme immense de capitaux, qui vont en augmentant chaque année. Cela permet au gouvernement de jeter sur le marché chaque année, une quantité de rentes équivalente à l'accroissement de ces capitaux, sans que cette nouvelle émission influe sur le marché et fasse baisser le cours de la rente.

Quant aux prétendus sacrifices que l'État fait pour les caisses d'épargne, ils ne nous paraissent pas exorbitants ; et d'ailleurs il vaut mieux qu'il les fasse pour ces institutions, que d'être obligé de les faire pour l'assistance publique. En outre nous trouvons que l'État pourrait faire moins de sacrifices, s'il voulait se décider à donner plus de liberté aux caisses; mais en tous cas les services que l'État leur rend ne peuvent pas entraîner pour lui, ce droit exagéré, de leur imposer ses titres pour le placement des capitaux.

Par le procédé aujourd'hui en vigueur, l'État nuit au travail, pour s'assurer des débouchés à ses rentes, et la richesse de l'État n'étant au fond que la résultante des richesses individuelles, il se trouve s'être nui à lui-même, en enlevant à la production une grande quantité de capitaux, pour les rendre improductifs ; sans compter qu'il se met dans de bien mauvaises conditions, pour répondre aux demandes de remboursement.

Il y a un autre argument que l'on fait valoir, pour défendre le système de l'emploi exclusif des fonds en rentes.

Cet argument que ceux qui le font valoir déclarent très concluant, consiste à dire que les capitaux de l'épargne ne sont nullement immobilisés, que ces capitaux employés en rentes sont aussi utiles à la production que ceux placés dans l'industrie et le commerce ; qu'en d'autres mots faire acheter des rentes par la Caisse des Dépôts ou lui faire faire de l'escompte, prêter ses capitaux à l'industrie, à l'agriculture et même aux banques populaires, cela revient au même, dans l'un ou l'autre cas la production reçoit la même quantité de capitaux.

Voici comment M. de Malarce, l'éminent secrétaire

général de la Société des Institutions de Prévoyance, auquel les caisses d'épargne sont beaucoup redevables, et surtout les caisses d'épargne scolaires, qu'il a été le premier à introduire en France, expose cette théorie : « Quand l'État place des fonds d'épargne populaire, il ne crée pas un titre ayant pour seule raison d'être le nouveau dépôt d'épargne. Non ; muni de l'argent de l'épargnant, l'État va sur le marché public et là il achète des rentes, des obligations des chemins de fer, etc., » et plus loin. « Alors qu'arrive-t-il ? Un homme, qui avait acquis ces titres, retire son argent et le déposant y substitue le sien. » Enfin il conclut en disant que cet argent « sert à acheter des titres, qui existaient et qui étaient dans les mains d'une autre personne, laquelle retire ses fonds pour les employer peut-être à faire des achats de terres, peut-être aussi les placera-t-elle dans une entreprise industrielle ou commerciale, de sorte que l'argent du déposant n'entre pas dans la caisse d'épargne pour y rester. Il n'y a donc pas d'immobilisation d'un capital, mais simplement substitution d'un capital à un autre capital déjà créé. C'est un capital prenant la place d'un autre capital, lequel se déplace, et cet argent s'en va un peu partout, dans toutes les localités de la France [1]. »

Nous ne nous arrêterons pas longtemps sur cette donnée, que l'État ne crée pas des titres de rente pour payer ses dettes envers les caisses d'épargne. Nous

1. M. de Malarce. *Congrès des Institutions de Prévoyance*, p. 87.

avons vu que cela était la règle générale et qu'en 1882 seulement, on a consolidé pour un milliard de capitaux appartenant à ces caisses.

Cependant il faut reconnaître que ces faits, quoique critiquables ne condamnent pas irrévocablement le système, et que si l'administration des finances agissait comme elle devrait le faire, on n'aurait pas grand'chose à reprocher au régime actuel de ce chef.

Passant à l'emploi des fonds, sans prétendre que les caisses d'épargne les immobilisent nécessairement, nous croyons qu'elles ne leur donnent nullement la direction la plus heureuse, la plus profitable pour la production, et qui serait en même temps la plus juste, quand on tient compte de leur origine.

Et d'abord en supposant que l'État renonce définitivement à faire des emprunts plus ou moins cachés aux caisses d'épargne, il n'est pas certain que les propriétaires des rentes, auxquels les caisses achèteront leurs titres, placeront ces capitaux d'une manière productive dans la direction que nous indiquons ; il est encore moins certain que ces capitaux iront se répandre sur toute la surface, et en proportion des économies effectuées.

Il y a là de l'inconnu, et il nous semble qu'en tout cas c'est se conduire, un peu comme le chien de la fable, qui laisse la proie pour l'ombre ; et qu'il y a une énorme différence, entre imprimer une certaine direction aux capitaux, direction que l'on sait féconde par ses effets, et laisser au hasard le soin de pourvoir aux besoins que ne cessent d'exposer le travail sous toutes les formes, et dans toutes les localités les plus éloignées comme les plus rapprochées des grands marchés des capitaux.

Il y a un dernier argument en faveur du régime actuel des caisses d'épargne, du moins en faveur de la gestion des fonds de l'épargne par l'État. On nous dit que la condition essentielle pour attirer les épargnes, surtout les petites épargnes, pour lesquelles spécialement ces institutions ont été créées, c'est de donner aux déposants le maximum de sécurité possible sur le sort de leurs dépôts.

Il faut que l'ouvrier puisse se faire la conviction qu'il trouvera dans ces établissements un abri parfaitement sûr pour ses économies, qu'il n'ait aucune inquiétude, qu'il sache que son dépôt est considéré comme sacré et comme tel mis sous la garantie de tous, c'est-à-dire sous la garantie de l'État. Et du moment que l'Etat donne sa garantie, il est tout naturel qu'il prenne toutes les mesures qui lui paraissent convenables pour conjurer les abus et les mauvais placements, et pour appuyer ces raisons sur des faits, on cite l'exemple de la Hongrie qui, en 1873 année de la terrible crise financière, vit un grand nombre de ses caisses, qui sont des caisses privées gérant elles-mêmes leurs fonds, les vit disparaître, entraînant, dans leur effondrement, les épargnes des malheureux ouvriers qui avaient eu la malchance de les leur confier. On cite encore le cas de la grande caisse de Florence qui, en 1879, s'est vue dans la nécessité de suspendre ses paiements, et le gouvernement dut intervenir et faire voter par les chambres 9 millions, pour aider la caisse à rembourser ses déposants.

Les causes de cette dernière catastrophe sont, dit-on, très intéressantes à étudier, car elles mettent en lumière le danger qu'il peut y avoir à confier à une autorité locale le soin de placer les fonds. On dit que les administrateurs les plus honnêtes ne peuvent se soustraire à certaines influences, sans parler des erreurs possibles. Ainsi à Florence, quand le gouvernement Italien établit son siège dans cette ville, il y eut une telle fièvre de construction que tout le monde, par amour-propre et par patriotisme, prêta de l'argent pour embellir la ville et la rendre digne d'être la capitale du jeune royaume ; mais après 1870, quand le gouvernement rentra à Rome, toutes ces belles constructions n'ayant plus leur emploi, se déprécièrent considérablement, et ainsi tous les prêteurs d'argent pour construction perdirent des sommes énormes. La caisse d'épargne de Florence se trouva parmi les victimes, car elle aussi s'était laissée entraîner à prêter sur hypothèque pour ces édifices, et le gouvernement qui était coupable de légereté au moins, ayant laissé croire que Florence serait la capitale du pays, se crut obligé de prendre à son compte les pertes subies par la caisse.

En résumé dit-on, l'emploi dans les localités mêmes, et par des administrations locales des fonds d'épargne est un mauvais système ; car il est très difficile aux hommes les plus honnêtes de résister à certaines influences, quand il s'agit d'amélioration ou d'embellissement des localités même, et surtout de résister aux influences électorales.

Le parti politique dans les mains duquel se trouverait le droit de décider ces emplois, pourrait bien, à la veille des élections, ne se faire aucun scrupule pour employer les fonds des caisses d'épargne, à entreprendre des travaux, qui en satisfaisant certains besoins ou certains désirs des populations, ramèneraient les électeurs dans leur parti.

Il est évident, et nous le reconnaissons volontiers, que les abus sont encore plus certainement conjurés, lorsque les caisses d'épargne n'ont pas le droit de placer elles-mêmes leurs capitaux ; mais nous croyons cependant que le système contraire, celui de la liberté des caisses est de nature à donner des garanties suffisantes, si l'on prend toutes les mesures nécessaires pour la bonne gestion des fonds.

Et la preuve que cela est possible, c'est que nous voyons un grand nombre de pays comme : l'Autriche, la Prusse, l'Italie, la Suisse, etc., qui suivent ce système, et n'ont eu à déplorer aucune catastrophe ;

pourvu que le contrôle de l'État s'exerce d'une manière constante et effective, sur les statuts des caisses d'abord et ensuite sur leur administration.

Et quant aux exemples d'abus cités plus haut, il ne faut pas à en tirer plus de conséquences que cela est raisonnable. Ainsi les caisses d'épargne de Hongrie, qui ont manqué à leurs engagements en 1873, étaient si mal constituées, si mal gérées, du moins en tant qu'institutions d'épargne, que leur ruine ne peut avoir aucune influence fâcheuse sur le principe même de la liberté des caisses.

Nous avons vu en effet qu'en Hongrie, actuellement encore, il y a beaucoup de caisses d'épargne constituées par actions, et les actionnaires cherchant à faire les plus gros bénéfices possibles, font des placements très hardis et souvent même dangereux.

Il suffit de faire remarquer que ces caisses ont distribué en 1881 un dividende de 28 0/0 [1], pour comprendre qu'elles n'ont que le nom de commun avec les caisses d'épargne; qu'au fond ce ne sont que des banques ordinaires et comme telles sujettes à de sérieux risques, et que dans ces conditions on ne doit pas s'étonner qu'un grand nombre ait failli à leurs engagements en 1873.

Quant à la caisse de Florence, il est certain que si l'État avait exercé un contrôle rigoureux, d'abord sur les statuts en limitant à une proportion indiquée les

1. *Economiste Français*, 12 août 1882.

prêts sur hypothèque, ensuite sur l'administration même, les abus dont on parle ne se seraient pas produits, et l'exemple des autres pays, nous le répétons, prouve qu'il n'y a pas à craindre des grands dangers de ce côté.

Mais comme le dit fort bien M. Léon Say en parlant des caisses italiennes: « l'institution est bonne, mais les hommes sont excellents. Là comme partout, il ne suffit pas d'avoir une bonne machine, il faut un bon mécanicien [1] ». Il y a, dans ces quelques mots, le résumé des conditions essentielles pour la réussite de toute institution.

Il faut d'abord que l'institution soit assise sur des bases solides et vraies, et il faut ensuite que ceux qui sont appelés à la faire fonctionner aient conscience de l'étendue de leur devoir, et comprennent l'esprit dans lequel il faut diriger leurs efforts.

Mais en dehors de cela, il y a certaines conditions qui peuvent influer sur la décision à prendre. Ainsi il est certain qu'il ne suffit pas qu'une institution soit bonne et florissante dans un certain milieu, pour qu'on puisse soutenir que, transportée ailleurs, elle produira les mêmes effets.

Car de même qu'un arbre fruitier, qui change de climat et de terre, ou pour mieux dire qui change le milieu duquel il tire les substances, dont il a besoin pour se nourrir, peut donner des fruits d'une qualité

1. M. Léon Say: *op. cit.*, p. 4.

bien inférieure, à ceux qu'il donnait dans le milieu où on l'a pris, de même une institution florissante sous le régime de la liberté dans un pays, peut dépérir dans un autre pays.

Et cela est vrai pour les questions sociales plus que pour toutes autres questions ; car elles ne se résolvent pas par une panacée, qui soit à l'usage de tous les maux et surtout de tous les peuples ; mais par une série d'institutions, de procédés, qui progressivement donnent solution aux nombreux et divers problèmes. Ces institutions, ces procédés, sont indiqués par l'examen des faits, par l'étude comparée des expériences des divers peuples.

On admet seulement ce qui peut être conforme au caractère et aux mœurs de chaque peuple ; de telle sorte que, si chacun adoptait les institutions reconnues les meilleures, dans certaines circonstances données, et les appliquait dans les meilleures conditions possibles, la civilisation en recevrait un immense progrès, progrès sûr et sans troubles comme sans risques.

Donc tout en reconnaissant, tout en proclamant la supériorité du système de la liberté des caisses d'épargne au point de vue du placement des capitaux, autant parce qu'il a des avantages qui lui sont propres, que parce qu'il obvie aux inconvénients que le système suivi actuellement en France présente, nous devons rechercher maintenant quelles sont les modifications à apporter à ce système, eu égard aux différentes circonstances, que nous venons d'indiquer brièvement.

Nous avons dit que les meilleurs systèmes peuvent donner des mauvais résultats, si les circonstances, le milieu où ils sont appelés à fonctionner, ne leur sont pas propices ; le moment est venu de nous demander, si nous jugeons le système que nous avons trouvé le plus avantageux, applicable en France.

Recherchons pour cela, si les circonstances sont ou non favorables à la liberté des caisses d'épargne en France.

Pour que la gestion des fonds soit laissée sans inconvénients aux caisses, il faut deux conditions essentielles : il faut d'abord, que l'on puisse facilement trouver dans les localités où elles fonctionnent des hommes capables, qui veuillent bien se charger de remplir la fonction gratuite d'administrateur ; il faut ensuite que ces hommes présentent en dehors de la capacité, toutes les conditions d'honnêteté nécessaires en pareil cas.

A ces deux points de vue, nos adversaires eux-mêmes s'empressent de reconnaître que la France, autant sinon plus que d'autres pays, satisfait aux conditions exigées ; on admet qu'il y a tous les éléments de capacité et d'honnêteté nécessaires pour la libre gestion des caisses ; et nous sommes persuadés que l'on nous accorde cela, non par patriotisme, et parce qu'il est difficile à quelqu'un, de déclarer ses compatriotes moins capables ou moins honnêtes que les habitants des autres pays, mais par conviction.

Mais après nous avoir accordé cela, on se rattrape vite sur d'autres points ; il y a dit-on une question de caractère national, de mœurs, de traditions politiques, qu'il ne faut pas méconnaître.

Il est impossible, ajoute-t-on, de ne pas tenir compte, même théoriquement, de cette disposition traditionnelle du caractère français, si éloigné de l'énergie individuelle de l'Anglo-Saxon, de faire abstraction de cette sorte « d'infériorité de ressort qu'on appelle notre infirmité gouvernementaliste. Il n'est pas un économiste qui ne reconnaisse que bien longtemps encore, il faudra accorder à l'État en France, un rôle autrement étendu qu'on le fait en Angleterre et aux États-Unis, pays par excellence du self gouvernement[1] ».

A ceci nous répondons en contestant cette prétendue infériorité de ressort, et la seule preuve qu'il suffit de donner, c'est de rappeler combien d'institutions de charité de tout genre, sont fondées et gérées par l'initiative privée.

Ensuite sans entrer dans des recherches approfondies, pour savoir quelle part de vérité il peut y avoir dans cette assertion sur le défaut d'initiative indivi-

1. Émile Laurent. *Le paupérisme et les Associations de prévoyance*, p. 66.

duelle du peuple français, nous nous contenterons de répondre que si les mœurs d'un peuple sont d'une grande importance en cette matière, il n'en est pas moins vrai que des lois, bien faites et habilement appliquées, peuvent modifier les mœurs, à moins qu'il s'agisse de lois absurdes ou allant à l'encontre des sentiments les plus enracinés d'un peuple. Ensuite l'instruction générale, la profusion des notions économiques sur le mécanisme de ces institutions, est de nature à vaincre certaines tendances, certaines craintes mal fondées.

Mais on ajoute, que la centralisation qui répond à cet amour de l'unité qui distingue la nation française, et cette tendance de l'esprit vers une logique qui est quelquefois exagérée, sont autant de difficultés qui viennent s'ajouter aux précédentes et finissent par faire croire que le système de la liberté des caisses d'épargne, entraînant avec lui une certaine variété dans sa manière de fonctionner, serait inadmissible.

Nous accordons que la centralisation, tout en n'étant pas aussi exagérée qu'ailleurs, est une objection qui a une certaine portée ; mais nous ne croyons pas qu'elle soit de nature à faire échec au système que nous proposons. Du reste qui ne voit que c'est justement contre cette centralisation de toute l'activité sur un seul ou sur quelques points du territoire, que le système de la liberté des caisses réagit, et que le jour où les capitaux employés dans les diverses parties du pays, auront encouragé les entreprises locales, un certain courant de décentralisation ne manquera pas de se produire, courant qui entraînera avec lui beaucoup d'éléments d'activité, qui en ce moment se sentent attirés vers le point central.

Ce que nous voudrions, c'est que sans parti pris, sans invoquer les doctrines de l'individualisme ou du socialisme d'État, l'on veuille bien se rendre compte, quel est le système qui présente le plus d'avantages pour les déposants et pour l'État.

Quant à nous, nous sommes de l'avis de ceux qui pensent que la question de l'intervention de l'État dans le domaine de l'activité nationale, ne saurait être résolue d'une manière absolue ; qu'il y a des cas où elle est non seulement légitime mais même nécessaire ; qu'il y en a d'autres où elle ne peut être que funeste, qu'en tous cas il ne faut pas l'admettre, si ce n'est lorsque les motifs d'utilité sont puissants.

Eh bien, nous croyons avoir prouvé, que dans notre matière l'intervention de l'État est une mesure non seulement inutile mais funeste ; et que la liberté des caisses d'épargne est l'idéal vers lequel doivent tendre tous les efforts.

Nous comprenons fort bien que cela ne peut pas se faire d'un jour à l'autre, qu'il y a à tenir compte de l'opinion publique ; qu'il faudra procéder avec précaution et faire peu à peu l'éducation des masses populaires, qui habituées à un état de choses en apparence très satisfaisant, vu qu'il a pour sanction la garantie de l'État, pourraient s'alarmer d'un changement brusque.

Il resterait d'ailleurs la caisse postale, qui pourrait servir de refuge aux plus petits, aux plus craintifs.

Mais c'est là le point délicat, car on ne manque pas de dire, que si on retire à l'État la faculté de placer à son gré les fonds des caisses d'épargne, que si par là même on enlève la garantie qu'il offre aux caisses privées, tout en la laissant à la caisse postale, les premières se verront déserter immédiatement par leurs déposants, et se trouveront obligées de liquider, car ceux-ci préféreront dans ces conditions porter leurs épargnes à la caisse postale.

Nous ne croyons pas que ce résultat se produise, surtout si l'on choisit bien le moment pour opérer une réforme dans ce sens ; si l'on prend le soin de procéder par ordre, et en appliquant le nouveau système d'abord et comme pour un essai à une caisse choisie dans les meilleures conditions pour la réussite ; et quand le premier essai aura été jugé bon, l'étendre à plusieurs autres caisses et ainsi successivement, en donnant le temps à l'opinion publique de s'habituer à la réforme et lui donner sa confiance.

D'ailleurs, à cet égard, nous pouvons invoquer l'exemple de ce qui s'est passé en Italie, en Hollande et en Autriche, au moment où l'on a introduit des caisses postales. Ces caisses administrées par les fonctionnaires de l'État, emportent forcément une garantie pour les déposants ; or dans ces différents pays, on n'a pas vu les caisses privées dépérir, elles ont au contraire prospéré à côté de la caisse postale.

Nous ne voyons donc pas pourquoi les caisses privées ne pourront plus vivre en France, du jour où on leur donnerait plus de liberté et, en conséquence, on leur laisserait aussi la responsabilité entière de leur gestion ; il y aura peut-être un moment difficile à passer, une panique pourra peut-être se déclarer, grâce surtout aux cris de détresse que les prétendus amis des caisses d'épargne ne manqueront pas de pousser.

Mais quelle est la transformation profonde qui a jamais pu s'opérer sans provoquer quelques difficultés ?

C'est là la condition inéluctable du progrès, et de telles appréhensions, plus ou moins fondées, précèdent immanquablement l'accomplissement de toute réforme fondamentale, touchant aux conditions économiques d'un pays.

Au demeurant, ces craintes ne constituent pas des raisons suffisantes pour décider le législateur à renoncer à cette réforme.

Et quand on est convaincu de la gravité de la situation, de l'immense utilité de la réforme, quand on se rend bien compte qu'il y a là des institutions surannées, auxquelles il faut infuser du sang nouveau pour qu'elles puissent vivre ; on peut, nous le concédons, on doit même, chercher le moment le plus favorable, pour opérer le changement, mais il ne faut pas et de parti pris l'ajourner indéfiniment.

En attendant ce moment, il y a urgence à permettre à la Caisse des Dépôts de placer les capitaux des caisses d'épargne d'une manière plus variée.

Nous voyons l'Italie, l'Autriche, la Prusse, la Belgique même, employant à peu près un dixième de ces capitaux et sans aucun inconvénient à faire de l'escompte ; on pourrait en faire autant en France, une autre partie des capitaux pourrait être employée en avances sur titres, et pour cela la Banque de France ou toute autre institution ayant de fortes attaches avec l'État, pourrait être chargée de cette commission, comme cela se fait en Belgique. La Caisse des Dépôts pourrait être autorisée en outre, à acheter des obligations des villes et des compagnies des chemins de fer, et prêter directement aux départements et aux communes.

C'est dans ce sens que M. Hubbard a présenté à la Chambre des députés, le 21 novembre 1885, un projet très détaillé[1].

Il voudrait que la caisse des Dépôts et Consignations, à laquelle deux commissions l'une de prêts sur propriétés foncières, l'autre d'escompte, seraient adjointes, emploie les fonds d'épargne : en première hypothèque, prêts aux départements et aux communes.

1. Annexe, 71. *Officiel*. Chambre des députés, 1886.

rentes sur l'État ou valeurs du Trésor, et escompte d'effets soit nationaux soit internationaux.

Ce dernier genre de placement pourrait présenter de réels avantages en cas de crise politique ou de guerre, car les effets nationaux subissent toujours une grande dépréciation et les rentrées se font difficilement.

Il propose ensuite d'autoriser la Caisse des Dépôts à émettre des obligations foncières, départementales et communales, en représentation des sommes effectivement placées par elle en première hypothèque ou en prêts aux départements et communes.

Il y aurait un autre placement à faire, qui pourrait rendre d'incontestables services à une institution qui est digne de toute la sollicitude du législateur, c'est l'institution des monts-de-piété dont nous voulons parler. Il y aurait là une œuvre de justice à accomplir, que de faire servir les capitaux épargnés par les classes nécessiteuses, à alimenter des institutions destinées à venir en aide aux mêmes classes, quand elles ont besoin d'emprunter. « Y aurait-il rien de plus équitable, qu'une sorte de mutualité entre ceux qui épargnent et ceux qui ont besoin de crédit, mutualité en vertu de laquelle ces derniers emprunteraient à un taux peu sensiblement supérieur au taux servi aux premiers [1] ». En effet celui qui va emprunter au mont-de-piété, a raison de trouver qu'on lui fait payer bien cher les ser-

1. M. Cauwès. *Op. cit.* II, p. 292.

vices qu'on lui rend, en lui réclamant des intérêts usuraires; tandis que s'il porte ses économies à la caisse d'épargne, il reçoit un intérêt minime.

Pourquoi ne ferait-on pas servir les fonds de l'épargne aux besoins des travailleurs nécessiteux?

Toute juste que serait une pareille réforme, elle ne peut être admise qu'en partie.

On ne peut placer de la sorte qu'une partie des fonds des caisses, partie qui ne devra jamais dépasser une certaine proportion, par la raison que les caisses d'épargne et les monts-de-piété se trouvent avoir besoin de capitaux aux mêmes moments, c'est-à-dire aux moments de crise, et placer les fonds d'épargne en grande quantité dans les monts-de-piété, c'est se mettre dans l'impossibilité de pouvoir répondre aux demandes de remboursement.

Cependant l'exemple de l'Italie prouve qu'il n'y a pas grand danger à employer une petite partie de ces capitaux dans ce genre de placement, comme le fait la caisse de Milan.

Voici quelles sont donc d'après nous les réformes à introduire, les réformes provisoires, en attendant le jour où l'on se décidera à aborder le problème de la libre gestion des fonds par les caisses, instituant de la sorte des groupes, par départements ou pour commencer par contrées plus importantes, qui se chargeront de féconder les capitaux recueillis par les caisses locales.

Tous les placements que nous venons d'énumérer, sont des placements très solides, et qui se font couramment dans les divers pays, qui ont admis la liberté des caisses.

Ce n'est pas que des placements plus ou moins excentriques, n'aient été proposés de tous temps, ainsi : les uns ont demandé de faire servir les capitaux de l'épargne à l'établissement de grandes manufactures dont le produit servirait non seulement à payer les intérêts aux déposants, mais aussi à créer et alimenter une caisse des invalides de l'industrie; d'autres ont rêvé la création d'une grande compagnie, qui ferait le commerce avec la Chine à l'aide de produits qu'elle ferait fabriquer, et toutes ces combinaisons s'appuyent sur la garantie que l'État offrira aux déposants.

CHAPITRE III

DU MAXIMUM DES DÉPOTS.

Nous avons vu les changements subis par la législation des caisses d'épargne au point de vue du droit d'accumuler les dépôts.

D'abord fixé à 3,000 francs en 1835 le maximum a été abaissé à 1,500 en 1847, justement à la suite d'une campagne entreprise pour sauver le Trésor, des dangers auxquels l'exposait ce qu'on appelait alors

« le flot montant des capitaux parasites; » réduit de nouveau en 1851 à 1,000 francs, il est resté à ce chiffre jusqu'en 1881, quand il fut relevé à 2,000.

Le maximum des dépôts et le taux de l'intérêt à servir aux déposants, ont été de tout temps la pierre de touche du régime des caisses d'épargne. Toutes les fois que des cris d'alarme se sont fait entendre, sur les dangers auxquels s'expose l'État en concentrant dans ses mains et en employant si mal les épargnes populaires, on a toujours proposé de réduire le maximum des dépôts, ou l'intérêt, ou les deux à la fois. Et c'est ce que proposaient ces jours derniers quelques membres de la commission du budget.

Ainsi en 1884 la commission de surveillance de la Caisse des Dépôts, ayant conçu de vives inquiétudes sur la responsabilité qui incombe à l'État à ce point de vue, propose, dans son rapport adressé à la Chambre des députés, elle aussi, le même et invariable remède, la réduction du taux de l'intérêt et la fixation d'une limite moins élevée. De fait cette question du maximum des dépôts est intimement liée au régime en vigueur; si l'État continue à assumer toutes les responsabilités, il est certain que tout le monde sera entraîné à demander la réduction à la dernière limite possible de ce maximum. M. Leroy-Beaulieu lui-même n'a pas pu s'empêcher de conclure dans ce sens, après avoir fait des reproches parfois trop sévères, mais souvent justes, aux lois actuelles ; ainsi il pose comme fait certain « qu'à partir de 500 francs il n'y a plus de doute on ne se trouve plus en face de l'épargne de l'ouvrier [1] », et ailleurs « dès que le dépôt individuel a dépassé sensiblement le chiffre pour lequel on peut se procurer un titre de premier ordre comme une rente sur l'État, la caisse d'épargne devrait se fermer. Elle devrait dire aux déposants : vous avez maintenant plus de 500 francs, je ne puis recevoir de vous davantage [2] ».

Si le projet du 6 juillet 1886 sur les caisses d'épargne, ne propose pas de réduction sur le maximum des dépôts, c'est pour les considérations suivantes, que nous trouvons dans l'exposé des motifs : « Pour produire un effet véritablement utile et ramener aux environs d'un milliard le solde des dépôts, c'est à 500 francs qu'il faudrait réduire le maximum. Une semblable mesure rendrait assurément les crises moins redoutables, mais elle serait de nature à détruire l'institution elle-même [3]. » Donc si on ne propose pas de réduction, c'est parce que la réduction à 1,000 francs par exemple, viendrait troubler les déposants « sans avantage très appréciable » pour le Trésor.

Eh bien, non, ce n'est pas de ce côté qu'il faut chercher le remède ; le maximum actuel, après les variations que nous avons indiquées plus haut, est un

1. M. Leroy-Beaulieu. *Economiste français*, 22 octobre 1887.

2. M. Leroy-Beaulieu. *Op. cit.* 26 décembre 1885.

3. Chambre des députés, annexe 982, *Officiel* 1887.

des moins élevés de tous les pays de l'Europe ; ainsi en Angleterre les déposants peuvent laisser accumuler jusqu'à 3,500 les dépôts; et avec l'intérêt de cette somme posséder jusqu'à 5,000 francs à la caisse d'épargne ; en Autriche il n'y a que la caisse postale qui limite à 2,500 francs les dépôts, quant aux caisses privées elles n'ont pas de maximum mais l'administration est libre de refuser au delà d'une certaine somme le dépôt, si elle le trouve trop considérable ; en fait on reçoit bien plus que ne le permet la loi de 1881 en France ; en Prusse les caisses privées reçoivent généralement jusqu'à 3750 francs ; en Belgique il n'y a pas de maximum non plus, mais l'administration a le droit de refuser les dépôts au delà de 3,000 francs ; enfin en Italie pas de limitation légale pour les caisses privées, et droit de déposer jusqu'à 2,000 fr. à la caisse postale.

On voit donc que partout le maximum est supérieur, et en France même, il fut un moment où il était fixé à 3,000 francs, et cela à une époque où l'argent avait beaucoup plus de valeur qu'aujourd'hui.

Maintenant, si nous voulons rechercher quels sont les principes qui doivent guider dans la fixation d'un maximum, nous dirons qu'il y a plusieurs considérations qui sont de nature à nous aider dans cette recherche.

Ainsi il est certain qu'un maximum trop élevé ferait affluer à la caisse d'épargne des capitaux qui, non seulement seront de la sorte soustraits à leurs emplois naturels, emplois effectués d'après les besoins de la production, mais en outre cela changerait complètement le caractère de notre institution, qui a uniquement pour but de sauvegarder les épargnes des travailleurs, les accumuler et les faire fructifier jusqu'au jour où, la somme étant assez élevée, le déposant pourra en faire un emploi utile pour améliorer son sort.

A ces raisons qui découlent du but même des caisses d'épargne, il faut en ajouter une autre, qui a trait aux difficultés de toutes espèces, que rencontreraient soit l'État soit les caisses elles-mêmes, s'ils avaient à placer des sommes par trop considérables.

Mais si un maximum trop élevé a des inconvénients, il ne faut pas non plus qu'il soit fixé trop bas, car il décourage l'épargne, et sitôt arrivé à la limite fixée, le travailleur n'ayant pas encore une somme suffisante pour s'établir à son compte ou se mettre en association avec un camarade, en achetant un morceau de terre un petit fonds de commerce ou les instruments nécessaires à son métier, sera obligé de se livrer à la thésaurisation en supposant qu'il continue à épargner; sans compter qu'il pourra être entraîné dans de mauvaises spéculations, en plaçant son petit capital sur des titres trop aléatoires, ou perdre ses épargnes dans des essais d'industrie ou de commerce, qui auront échoué pour avoir été commencés avec des ressources trop faibles.

En supposant même qu'il se dirigera vers les titres sérieux, vers la rente ; il est au moins singulier de vouloir transformer le plus tôt possible et pour ainsi dire malgré eux les travailleurs en rentiers.

La rente, personne ne le conteste, est une admirable valeur ; mais elle ne suffit pas aux besoins du travail, et c'est une mauvaise réponse à faire, à ceux qui demandent à leurs économies le moyen de posséder une machine, du bétail ou une exploitation quelconque, que de leur dire : commencez toujours par vous faire rentiers ou actionnaires, et cela sitôt que le dépôt est arrivé à une somme encore très modeste.

On ne voit pas que c'est exposer le déposant à bien des accidents à bien des tentations que les caisses d'épargne paraissent précisément appelées à lui éviter.

En outre les rentes sur l'État, avec leurs chances de hausse et de baisse, peuvent se trouver dépréciées au moment où le besoin de réaliser ces titres se fera sentir chez l'ouvrier ou le petit commerçant ; et de fait ce sera justement en cas de crise qu'ils auront besoin de leurs épargnes : et alors ils seront obligés de vendre à perte leurs titres pour ne pas laisser péricliter l'entreprise ; tandis que les dépôts à la caisse d'épargne pourront toujours être retirés, et sans perte.

Pour toutes ces raisons, nous sommes disposé à trouver la somme de 2,000 francs plutôt insuffisante que trop élevée ; du reste on n'a qu'à regarder un tableau indiquant les professions des déposants avec la proportion pour les livrets, et l'on sera convaincu que l'institution n'a pas dévié de son but.

Ainsi en 1882, on trouve qu'il y a pour les caisses privées, 41, 800/0 du capital en livrets de 1,000 à 2,000 francs et 58,20 0/0 pour les livrets inférieurs à 1,000; et pour le nombre, il y a 68 0/0 des livrets ayant des dépôts inférieurs à 500 francs. Quant aux professions des déposants, on trouve :

	Pour 512 caisses privées en 1882		Pour la caisse postale en 1884	
Chefs d'établissements agricoles, industriels et commerciaux	9,10	0/0	6,45	0/0
Journaliers et ouvriers agricoles	9,28	»	14,85	»
Ouvriers d'industrie	16,44	»	6,55	»
Domestiques	11,24	»	3,60	»
Militaires, marins	1,95	»	3,09	»
Employés	4,14	»	10,55	»
Professions libérales	1,77	»	4,28	»
Propriétaires, rentiers, et personnes sans profession	13,60	»	15,09	»
Mineurs sans profession	31,32	»	35,54	»
Sociétés et associations	0,14	»	—	»

Tous ces tableaux nous apprennent, que les clients des caisses d'épargne se recrutent en très grande majorité, parmi les classes en vue desquelles justement on les a créées.

CHAPITRE IV

DU TAUX DE L'INTÉRÊT

Le taux de l'intérêt, dont nous avons étudié les variations à diverses époques en France, et le maximum des dépôts, nous l'avons déjà dit, servent de cible à toutes les critiques qu'on croit devoir adresser au régime des caisses d'épargne.

C'est sur ces deux points que tout le monde se rabat, quand on cherche à mettre un terme aux mauvais effets de la loi de 1881, et de même que dans l'histoire du vieux testament, nous voyons un bouc chargé de tous les péchés du peuple d'Israël et chassé dans le désert le jour de la paix, de même on veut faire supporter par le taux de l'intérêt et le maximum des dépôts, tous les péchés des autres dispositions législatives, et leur faire jouer le rôle de bouc émissaire.

Le taux de l'intérêt, est encore plus étroitement lié que le maximum des dépôts, à la manière dont sont gérés les fonds d'épargne. Ainsi étant donnée la législation actuelle, il est certain que l'on ne peut pas sans injustice, obliger l'État à faire servir aux caisses d'épargne un intérêt supérieur à celui que produisent les rentes, déduction faite des frais d'administration ; et c'est pourquoi tout le monde demande en ce moment la réduction du taux de l'intérêt à servir aux caisses privées; car pour la caisse postale, la loi de 1881 l'a déjà abaissé au niveau des intérêts que produisent les rentes.

Cet intérêt est de 3,25 pour la caisse postale, mais il est encore de 4 0/0 pour les caisses privées; et c'est ce taux de 4 0/0 que le projet du 6 juillet 1886 propose d'abaisser à 3,50 0/0, qui a le don de soulever les plus vives critiques, de la part de ceux qui voudraient décharger l'État, de l'énorme responsabilité qu'il encourt du fait de l'accumulation des capitaux de l'épargne dans ses caisses. « Cet intérêt de 3,50 0/0 (intérêt qui est servi en définitif aux déposants) est extravagant, dit M. Leroy-Beaulieu. Ce qui importe pour les épargnes populaires, c'est surtout de les conserver, en attendant qu'elles forment une somme suffisante pour l'achat d'un titre sûr comme une rente sur l'État », et plus loin « les établissements de crédit donnent en général un intérêt de 1 0/0 sur les dépôts à disponibilité; les caisses de reports qui déjà immobilisent les fonds qu'on leur apporte pour une période de quinze jours ou d'un mois et qui ne sont pas sous le coup d'une exigibilité quotidienne, paient un intérêt qui est aujourd'hui de 2 1/4 à 2 1/2 0/0. Ce devrait être le maximum de l'intérêt servi par les caisses d'épargne.[1] »

Nous ne pouvons pas admettre cette théorie, nous pensons il est vrai que le taux de l'intérêt est une

1. M. Leroy-Beaulieu, *op. cit.*, 26 décembre 1885.

question un peu accessoire pour le déposant, qui recherche avant tout la sécurité; mais il n'en est pas moins vrai qu'il ne faut pas réduire l'intérêt, de manière que le déposant ne trouve plus grand avantage à se donner la peine de porter ses économies à la caisse d'épargne; il faut qu'il y trouve un bénéfice appréciable, qui le stimule à épargner ou du moins le décide à ne pas se livrer à la thésaurisation.

Et d'ailleurs serait-il juste que l'État fasse des bénéfices sur ces dépôts? Il est déjà bien regrettable, qu'on oblige le déposant à se contenter de 3 ou 3,50 0/0, pour les sommes qu'il vient apporter, et le faire payer 8 et 10 0/0 le jour où, n'ayant plus de ressources, ni dans ses économies ni dans son travail, il est obligé d'aller emprunter aux prétendues institutions de bienfaisance et de piété, qui n'ont de la bienfaisance et de la piété que le nom.

Ensuite, puisqu'on considère le déposant comme un rentier en petit, qu'on le traite au moins comme un rentier à tous les points de vue, spécialement au point de vue des intérêts à lui servir, car les titres de rente rapportent un peu plus de 3,50 0/0.

Il est du reste un principe de justice, duquel il ne faut jamais se départir dans cette matière; c'est que si les caisses d'épargne ne doivent pas entraîner des dépenses pour l'État, il ne faut pas non plus qu'elles deviennent une source de bénéfices faits au détriment des déposants, comme on l'avait proposé.

M. Léon Say qui s'élève contre cette théorie, dit que c'est un véritable impôt sur les petites épargnes que le projet mis en avant par quelques personnes, qui voudraient réduire à 3 1/4 0/0 l'intérêt que le trésor devra servir aux caisses privées, assurant à l'État de cette façon un bénéfice de 15 à 16 millions par an, qui viendraient augmenter les ressources du budget.

Pour ces raisons, nous n'admettons pas qu'il y ait lieu, même dans l'état actuel de la législation des caisses d'épargne, de réduire le taux de l'intérêt au delà de l'intérêt produit par les rentes, déduction faite des frais d'administration.

Il est vrai qu'on nous dit toujours que ce sont là des capitaux toujours exigibles, et que les institutions de crédit servent un intérêt bien moindre pour les capitaux remboursables à vue. Cela, nous ne le contestons pas, mais l'État n'est pas un établissement de crédit ; et il n'est pas admissible que, comme ces établissements, il spécule sur les sommes déposées et s'en crée des ressources.

En outre ces sommes ne sont pas si exigibles qu'on veut bien le dire, puisque la clause de sauvegarde limite beaucoup cette faculté d'exiger le remboursement des dépôts à vue et entièrement.

Maintenant si nous supposons changé le régime des caisses d'épargne, nous dirons que le taux de l'intérêt doit se régler, d'après l'intérêt moyen rapporté par les placements sûrs et d'une durée moyenne, comme il convient pour l'emploi des capitaux de l'épargne.

En regardant ce qui se passe dans les autres pays, nous verrons que l'intérêt varie d'après les localités, ainsi en Autriche il va de 3 0/0 à 6 0/0, en Italie aussi les variations sont assez sensibles ; et ce qui est plus important, c'est que dans ces différents pays comme l'Italie, l'Autriche, la Prusse, le taux de l'intérêt varie avec les sommes déposées. Sauf une exception qui se rencontre dans quelques caisses de l'Autriche, nous voyons dans ces pays ce taux diminuer à mesure que les dépôts augmentent ; et cela dans le but d'encourager le plus possible les petites épargnes, en faisant supporter de la sorte les frais d'administration par ceux qui ont un dépôt dépassant un certain chiffre, 1,000 francs par exemple. C'est ce qu'a proposé M. Andrieux à l'occasion du projet de réforme du 6 juillet 1886, il voudrait allouer 3,50 0/0 aux livrets de moins de 1,000 francs et 1 0/0 seulement aux autres.

Arrêtée dans ces termes, nous ne pouvons pas admettre cette solution, car si l'on peut comprendre une certaine différence d'intérêt entre les livrets d'après le montant des dépôts, il ne faut pas que cette différence soit exagérée et à notre avis 1 1/2 0/0 constituerait une différence suffisante ; parce qu'il ne faut pas qu'à partir d'une certaine somme, l'intérêt qui sert un peu de stimulant, devienne trop faible et ralentisse le travail de l'épargne.

CHAPITRE V

DU FONDS DE RÉSERVE

Le fonds de réserve est constitué par les sommes provenant de la différence entre l'intérêt retiré des placements et celui que les caisses servent à leurs disposants.

Partout, ce fonds a pour premier but de couvrir les déficits qui pourraient se produire par des pertes essuyées dans le placement des capitaux.

Dans quelques pays le fonds de réserve sert, en outre, à la création et à l'encouragement d'institutions destinées à venir en aide moralement ou matériellement aux classes de la société, qui font usage des caisses d'épargne et sur lesquelles ces fonds ont été prélevés. Ainsi en Prusse nous avons vu que la loi de 1838 oblige les caisses à se créer un fonds de réserve, qui doit représenter 5 0/0 du capital total des dépôts. Cette loi de 1838 prévoit qu'en outre de la destination naturelle et habituelle de ce fonds, c'est-à-dire de couvrir les déficits, les caisses pourront en employer une partie dans des dépenses extraordinaires, faites dans un intérêt général.

En Italie on trouve fréquemment dans les statuts l'obligation pour les caisses d'employer la totalité ou une partie de ce qui reste après la constitution d'un fonds de réserve, en dépenses d'utilité publique ou de charité; et de fait le plus grand nombre des caisses italiennes surtout les grandes caisses, ouvrent des prix annuels pour les sociétés de secours mutuels les mieux constituées; cela produit une grande émulation parmi ces sociétés qui font des efforts constants pour apporter des perfectionnements à leurs statuts, à leur organisation intérieure aux tables de statistique. etc., et de cette façon elles répandent dans les plus profondes couches sociales les habitudes de prévoyance, et font grossir chaque année les dépôts aux caisses d'épargne ou aux banques populaires.

En Belgique il y a aussi un fonds de réserve constitué de la même façon, mais quant à son emploi, on trouve là un trait caractéristique du système belge, dont le but est d'intéresser les déposants à laisser leurs économies le plus longtemps possible à la caisse d'épargne. Pour cela on divise en deux parties la somme qui reste, après que l'intérêt a été servi aux déposants ; la première partie est destinée à faire face aux pertes éventuelles, et à rembourser au Trésor les sommes qu'il aura pu avancer en vertu de la garantie dont il est tenu envers les déposants ; l'autre portion est répartie tous les cinq ans, entre les livrets ouverts depuis une année au moins.

En France aussi les caisses d'épargne ont un fonds de réserve qui est assez important ; il était de-

8,308,474 fr. 33 le 31 décembre 1883, à cela il faut ajouter le capital de dotation de chaque caisse, qui était à la même époque de : 31,054,752 fr.55, ce qui fait un total de 39,363,226 fr. 88. Ces capitaux qui n'ont d'autre but que de couvrir les pertes éventuelles, sont placés pour la moitié en compte-courant à la Caisse des Dépôts et Consignations, un quart en rentes et l'autre quart en immeubles ; il y a en outre pour 1,57 0/0 du capital total, des prêts faits aux villes, aux départements et aux monts-de-piété.

Le projet du 6 juillet 1886 décide que la différence entre l'intérêt de 3,50 0/0, qu'on servira aux caisses et l'intérêt produit par les rentes, ira grossir ce fonds de réserve, qui aura le triple but de faire face : 1) aux frais d'un contrôle que le projet institue, pour empêcher les fraudes du genre de celles qui se sont produites à la caisse de Tarare ; 2) aux pertes éventuelles provenant d'un intérêt moindre produit par les placements ; 3) aux pertes produites dans la gestion des caisses privées.

Le principe des fonds de réserve est inattaquable, il est de nature à apporter une garantie nouvelle aux déposants, pour le remboursement de leurs dépôts ; et aujourd'hui avec la constitution actuelle des caisses d'épargne, ce fonds de réserve, qui forme autant de patrimoines différents et particuliers, qu'il y a de caisses, n'a d'autre but que de couvrir les fraudes commises par les agents dans la gestion des fonds.

Mais à cause même de ce manque de liens entre les caisses, il est arrivé qu'une d'elles n'a pu couvrir, avec son seul fonds de réserve, les fraudes qu'un de ses agents avait commis ; aussi le projet du 6 juillet a justement pour but de constituer un fonds de réserve commun à toutes les caisses, pour leur assurer un secours en cas de besoin.

A ce point de vue la loi de 1883 qui a autorisé la Caisse des Dépôts et Consignations à prêter, à titre d'avances aux caisses d'épargne qui auraient un déficit, aggrave leur position ; car ses avances sont faites au taux de 4,25 0/0, tandis que leur compte-courant même au Trésor ne leur rapporte que 4 0/0.

Il y a donc tout intérêt à hâter la solution de cette question, solution qui du reste dépend du régime des caisses ; en effet, on peut constituer un fonds commun pour toutes les caisses, si elles continuent à laisser à l'État le soin de concentrer dans ses mains et placer leurs capitaux; mais dans le cas contraire, faute de liens entre les caisses, si on leur rend la liberté que nous réclamons, on pourra avoir recours à une espèce d'assurance réciproque.

En outre, ce que nous serions très heureux de voir s'introduire en France, c'est l'institution à l'exemple de l'Italie, avec une partie du fonds de réserve, des prix annuels pour les sociétés de secours mutuels, et même pour les banques populaires, qui ont eu si peu de succès en France, et qui sont partout d'une très grande utilité pour initier les déposants aux affaires, et en même temps leur procurer du crédit auprès des mêmes institutions, où ils portent leurs économies ; ces prix décernés annuellement, pourraient donner une nouvelle impulsion à des institutions, qui peuvent rendre tant de services aux travailleurs, et qui sont si florissantes en Allemagne et en Italie.

CHAPITRE VI

LIVRETS NOMINATIFS ET AU PORTEUR

Le livret est le signe représentatif de l'épargne, c'est comme l'a justement appelé M. Sella « l'instrument palpable de la caisse d'épargne ». Ce petit carnet qui constitue la preuve des versements, a son importance. On se rappelle ce que nous avons dit de l'épargne matérialisée et non matérialisée, et l'avantage que la première a sur la seconde. A ce point de vue le livret remplace, dans une certaine mesure, la matérialisation des épargnes ; l'ouvrier qui a porté son argent à la caisse d'épargne, a la satisfaction de regarder de temps en temps son livret et voyant le dépôt augmenter, il reprendra courage pour travailler et épargner davantage.

Nous avons vu qu'en Italie on trouve des livrets nominatifs et des livrets au porteur, en fait tout livret porte un nom; mais s'il n'est pas expressément déclaré nominatif, n'importe qui peut se présenter pour déposer et retirer le montant sans aucune difficulté.

Les livrets nominatifs sont toutefois mieux traités, puisqu'ils bénéficient d'une différence de 1 1/2 0/0 d'intérêt en plus sur les livrets au porteur.

M. Léon Say en parle dans sa brochure sur la Haute-Italie, et approuve cette manière d'agir, parce qu'elle donne beaucoup de facilités pour le dépôt et le retrait des économies. « Là bas, dit-il on ne s'inquiète que des porteurs de livrets, celui qui apporte le livret est considéré comme le mandataire régulier de la personne, au nom de laquelle le livret est inscrit[1] ».

La Prusse aussi connaît ce système, du moins le déposant a la faculté de demander que son livret soit transformé en titre au porteur.

Il peut y avoir quelques inconvénients à craindre dans ce système, un livret perdu, un livret soustrait peut être présenté à la caisse et le montant retiré ; mais le déposant propriétaire du livret, a le droit de faire opposition sitôt qu'il a pris connaissance de la disparition de son livret.

Malgré les quelques inconvénients de ce système, nous croyons qu'il présente assez d'avantages pour mériter d'être introduit en France aussi ; et cela serait d'autant mieux reçu par les déposants qu'ils se

1. M. Léon Say. *Op. cit.* p. 5.

plaignent toujours de la nécessité, où ils se trouvent, de laisser pendant un assez long délai leurs livrets entre les mains de l'administration de la poste, à chaque versement, pour l'inscription des nouveaux dépôts ; ce qui les prive du seul titre de leur créance envers la caisse qu'ils possèdent.

CHAPITRE VII

DE LA CLAUSE DE SAUVEGARDE

Demandons-nous d'abord ce que c'est qu'une clause de sauvegarde ? C'est un ensemble de dispositions inscrites dans la loi même des caisses d'épargne, qui décide qu'en temps de crise le remboursement des livrets pourra être fractionné et qu'une somme maxima pourra être fixée, pour être payé par livret et par unité de temps. Cette clause de sauvegarde est donc une disposition qui peut nuire aux déposants à un moment donné, mais par les avantages qu'elle présente, on ne peut faire autrement que de la défendre et tout en déclarant qu'elle est une entrave pour les déposants, on doit reconnaître que c'est un mal nécessaire.

Il est à remarquer ensuite que les caisses n'usent guère de cette clause, que dans les moments difficiles et dans la mesure absolument nécessaire pour ménager les sommes qu'elles ont en caisse, et parce que dans les moments de crise, surtout lorsque des paniques se déclarent, elles sont dans l'impossibilité de répondre à toutes les demandes.

On a élevé une objection contre la clause de sauvegarde, on a dit que les dépôts devant être remboursés à vue ou dans les plus courts délais possibles, ce serait une injustice que de permettre aux caisses, de se soustraire à leurs obligations, injustice qui est d'autant plus vivement ressentie, qu'elle se produit à des moments, où les déposants se trouvent avoir plus que jamais besoin de leurs dépôts.

Cette objection aurait une portée réelle, s'il s'agissait d'une mesure arbitraire, qui n'a pas été portée à la connaissance des déposants avant d'effectuer leurs dépôts ; mais dans tous les pays où la clause de sauvegarde existe, elle est connue des déposants : on ne peut donc dire qu'elle est une violation du contrat, car le déposant l'a acceptée tacitement en apportant ses économies.

Tout ce qu'on peut demander encore, c'est que les différentes dispositions de la clause soient imprimées sur les premières pages du livret même, de façon que personne ne puisse alléguer n'en avoir eu connaissance.

En outre la clause de sauvegarde présente des avantages considérables pour les caisses d'épargne à deux points de vue ; d'abord elle permet de faire face aux demandes de remboursement, en les restreignant quant à la somme à rembourser. Sans cela les caisses se trouveraient dès les premiers jours de la crise, dans la nécessité de fermer leurs guichets et attendre des rentrées, qui dans le cas le plus favorable se font attendre longtemps, pour reprendre les paiements ; tandis qu'à l'aide de la clause de sauvegarde, elles pourront rembourser à chaque déposant une certaine somme, et très souvent si la crise n'est pas sérieuse, si ce n'est qu'une panique, la confiance reviendra et les demandes de remboursement cesseront ; même en supposant une crise sérieuse, les sommes à rembourser seront moindres, et échelonnées de façon que la caisse ait le temps de se procurer les sommes nécessaires.

En dehors de cet avantage, la clause de sauvegarde donne aux caisses une plus grande latitude pour le placement de leurs fonds.

En effet pour payer des intérêts aux déposants, les caisses d'épargne sont obligées d'employer les capitaux ; mais comme elles sont toujours sous le coup de l'exigibilité des dépôts, elles doivent faire des placements de courte durée. Mais ces placements de courte durée outre l'inconvénient de ne pas être toujours les plus solides ne sont pas aussi fructueux que ceux qui exigent un temps plus long ; c'est à ce point de vue que la clause rend de réels services ; en accordant pour ainsi dire un répit aux caisses, elle leur permet d'employer une partie au moins de leurs capitaux dans des placements pour un terme relativement long. Cela leur produit des intérêts plus élevés, et leur permet d'augmenter ceux qu'elles servent aux déposants.

Quant aux inconvénients qui peuvent résulter de l'application de la clause pour les déposants, nous ne les nions pas ; mais ils ne nous paraissent pas aussi considérables, qu'on veut bien le dire.

Quand un déposant retire ses capitaux, il ne peut le faire que pour deux raisons : ou bien parce qu'il veut faire un emploi dans l'industrie ou le commerce, ou bien pour subvenir à ses besoins accidentels comme frais de maladie, ou d'entretien pour manque de travail. Pour le premier cas nous répondrons que l'époque des crises est un mauvais moment pour les entreprises, donc ce ne sera pas en général pour ce but que les déposants voudront retirer en entier leurs capitaux de la caisse ; en effet les crises produisent toujours une très grande stagnation des affaires, et les capitaux s'ils ne se cachent pas, ne vont certainement pas s'engager dans des entreprises.

Si l'on nous dit que les déposants peuvent avoir besoin de leurs capitaux pour faire face à des dépenses urgentes d'entretien, de maladie ou autres, et veulent retirer une partie de leurs dépôts, dans ce cas nous reconnaissons que la clause pourra leur nuire ; mais ici encore il y a un tempérament, car la clause n'empêche pas, que des acomptes périodiques soient distribués aux déposants, qui pourront avec ces ressources subvenir aux besoins les plus pressants.

En somme donc les avantages sont de beaucoup les plus considérables, et pourvu que la clause soit portée à la connaissance des déposants, et qu'elle soit fidèlement exécutée, elle est de nature à assurer aux caisses une plus grande liberté de mouvement dans l'intérêt même des déposants.

Nous avons vu que tous les pays dont nous avons examiné la législation, connaissent et emploient avec succès la clause de sauvegarde. L'Autriche surtout a été souvent obligée d'en faire usage, à travers toutes les crises politiques et économiques qu'elle a eu à subir depuis cinquante ans, et elle s'en est toujours bien trouvée; la population n'a nullement perdu sa confiance dans les caisses d'épargne.

En France on n'a admis cette clause qu'à l'occasion de la loi sur la caisse postale. Cela n'empêche pas qu'en 1848 comme en 1870, on fut bien obligé de recourir à des mesures qui ont dépassé, en rigueur, les dispositions admises par la clause de sauvegarde dans les différents pays. On a eu, comme nous l'avons exposé, recours à des moyens très condamnables, qui ont produit surtout en 1848 de très mauvais effets sur le développement de ces institutions.

Depuis 1881 il y a donc une clause de sauvegarde, et l'article 12 de cette loi décide que : « dans le cas de force majeure, des décrets rendus, le Conseil d'État entendu, pourront autoriser la caisse d'épargne postale, à n'opérer les remboursements que par acompte de 50 francs au minimum et par quinzaine ». Cette disposition qui s'applique aussi aux caisses privées, est à juste raison critiquée, pour la solennité excessive à laquelle on est obligé de recourir pour la mettre en application, solennité qui est de nature à augmenter la panique.

Il faudrait laisser la clause entre les mains des caisses elles-mêmes, ou de la caisse des Dépôts et Consignations dans le système actuel ; de cette façon la clause étant la loi des parties, c'est à celle des parties qui a toute la responsabilité à la mettre en mouvement, au lieu d'être une espèce de mesure dictatoriale, prise par le gouvernement sous sa responsabilité.

Ce qu'il y a à remarquer en outre sous le régime actuel, c'est que, malgré l'existence de cette clause, la loi de 1881 continue à ne pas admettre d'autre placement que les rentes pour les fonds de l'épargne ; on aurait pu s'attendre qu'après avoir assuré aux caisses des délais convenables pour le cas de crise, la loi permit des placements plus variés.

CONCLUSION

Nous en avons fini de la sorte avec l'étude proprement dite des caisses d'épargne, il nous reste à dire quelques mots sur la place qu'elles occupent dans l'ensemble des institutions de prévoyance, institutions qui forment un des chapitres de cette vaste science, qui s'est assignée comme but, le relèvement des classes travailleuses, nous voulons dire de la science sociale.

Après avoir reconnu les immenses avantages que les caisses d'épargne présentent, il ne nous semble diminuer en rien leur importance, si nous nous voyons dans l'obligation de reconnaître, qu'au point de vue du progrès, de l'amélioration des classes ouvrières, elles ne sont qu'une étape dans cette marche vers le mieux-être ; qu'il y a autre chose à recommander à ceux des travailleurs qui ont plus d'intelligence, plus d'énergie et d'esprit d'initiative.

Il ne faut pas en effet croire que la caisse d'épargne est le dernier mot de la prévoyance, si elle offre de la sécurité et des facilités de dépôt pour les épargnes, elle n'en assure pas la reproduction, la fécondité, elle ne facilite pas le crédit.

Quand on veut aller au fond des choses, la caisse d'épargne se confine au rôle d'une thésaurisation à modique intérêt, et par là même elle enlève en partie à l'épargne ce qu'elle a de plus séduisant, de plus moralisateur et réellement fécond, c'est-à-dire le bonheur de voir à chaque instant son travail fécondé par ses épargnes.

L'épargnant n'est qu'un compte-courant à la caisse d'épargne, et s'il est une œuvre méritoire que d'encourager le travailleur à persister toujours dans cette voie de l'épargne, de lui dire avec Franklin que « si quelqu'un prétend que l'on peut s'enrichir autrement que par le travail et l'économie ne l'écoutez pas, c'est un empoisonneur » ; qui ne voit combien plus large et plus fécond est le principe des sociétés coopératives, des associations pour la production ou des banques populaires par exemple, où tout déposant devient actionnaire et puis emprunteur, ou acquérant par son épargne persévérante le droit à la confiance de ses associés, il donne d'abord et reçoit ensuite le crédit.

C'est dans cette voie seulement que celui qui a les premiers éléments de capital doit s'engager, c'est là seulement qu'il pourra acquérir les premières notions sur la manière d'employer fructueusement ses capitaux, à moins qu'il se sente assez fort pour tenter quelque chose pour son propre compte.

La caisse d'épargne ne doit retenir le déposant qu'autant que cela est nécessaire, pour qu'il se constitue un premier capital ; et de fait elle ne le retient généralement pas beaucoup plus ; ainsi en moyenne en France, c'est deux années et demie qu'elle le retient, c'est déjà beaucoup peut-être.

Il ne faut pas que les caisses d'épargne détournent les capitaux de leur fonction naturelle, qui est d'être employés autant que possible par chacun dans son industrie pour perfectionner et augmenter ses produits.

Chacune de ces institutions a donc son champ d'activité distinct, et il ne faut pas grossir démesurément l'importance de l'une d'elles au détriment des autres ; ainsi à la base de la prévoyance nous rencontrons la société de secours mutuels, qu'on ne saurait trop encourager : c'est là que le travailleur doit chercher le moyen de s'assurer contre le dénûment provenant de la maladie, la vieillesse, etc.

Les sociétés de secours mutuels paraissent même présenter des avantages qui manquent aux caisses d'épargne, là l'épargne devient obligatoire ; par l'engagement contracté librement, elle devient donc périodique, persévérante et ne peut pas être retirée. Ensuite il y a le côté moral, qui est aussi très efficace ; les membres de la même société sont appelés à exercer, les uns envers les autres, cette surveillance vigilante qui est propice à inspirer le respect de soi-même. Cette heureuse nécessité de se contrôler réciproquement, élève le caractère et fait ainsi goûter à chacun une légitime fierté, de penser qu'on doit à ses propres efforts la garantie contre le dénuement.

Ce sentiment d'indépendance augmente le courage en même temps que les facultés intellectuelles.

A ce point de vue on voit un réel progrès en France depuis les trente dernières années, mais il y a encore beaucoup à faire ; et sans aller jusqu'à dire que le jour où tout travailleur fera partie d'une société de secours mutuels, le mot misère n'aura plus de sens, nous croyons toutefois qu'il y a là un des plus puissants remèdes contre les maux dont souffrent les classes nécessiteuses, et que ces institutions sont appelées à occuper une place considérable dans l'avenir.

Après avoir satisfait, pour ainsi dire, à ce premier besoin de la prévoyance, s'il reste encore quelques ressources, on peut les porter à la caisse d'épargne, mais à la condition de ne pas les y laisser, qu'autant qu'on ne peut les faire fructifier soi-même, en perfectionnant son travail, ou les placer dans une industrie ou une de ces associations où, chacun apportant un peu de capital et beaucoup d'énergie, on peut arriver à voir les efforts couronnés de succès.

Car malgré les difficultés de tout ordre, c'est encore dans cette voie que se trouve l'idéal vers lequel tendent les efforts indépendants de l'ouvrier.

C'est à développer, à perfectionner le principe des sociétés coopératives, surtout le principe des banques populaires ; à faire pénétrer l'esprit de prévoyance dans les plus profondes couches sociales qu'il faut travailler ; car la misère est, a-t-on dit, une plante que l'aumône ne fait qu'arroser, c'est le travail et l'épargne qui peuvent seuls l'extirper du sol.

POSITIONS

DROIT ROMAIN

POSITIONS PRISES DANS LA THÈSE

I. Entre le préposant et le préposé il n'y a pas de corréalité.

II. La *condictio*, dont parle le § 8, liv. IV, t. VII des Institutes, est donnée même quand il s'agit d'un contrat de bonne foi.

III. L'action *exercitoria* est antérieure à l'action *institoria*.

POSITIONS PRISES EN DEHORS DE LA THÈSE

I. La part de chaque associé dans les bénéfices n'étant pas expressément fixée, le partage se fera par portions égales.

II. La limite de *l'infantia* est déterminée par l'âge de 7 ans même à l'époque classique.

III. Les *justæ nuptiæ* exigent quelque chose de plus que le consentement des futurs époux.

IV. Les associés ne doivent aux affaires sociales que les soins qu'ils apportent à leurs affaires.

DROIT CIVIL

I. Un prêtre catholique peut valablement contracter mariage.

II. La séparation des biens résultant de la séparation de corps, ne rétroagit pas au jour de la demande.

III. L'usufruit légal ne peut être vendu ni hypothéqué ni saisi.

IV. L'autorisation donnée en termes généraux, et sans autre explication au mineur pour faire ses conventions matrimoniales est insuffisante.

SCIENCE FINANCIÈRE

I. L'impôt foncier de quotité serait à tous les points de vue préférable à l'impôt foncier de répartition.

II. L'amortissement des dettes publiques n'est réellement utile qu'autant qu'il est fait avec des excédents de recettes.

III. Les trésors de guerre peuvent avoir une grande utilité.

IV. Le type d'un emprunt public doit être choisi de telle façon que le taux d'émission se rapproche le plus possible du pair, tout en laissant une certaine marge.

Vu : le Président de la Thèse,
EM. ALGLAVE.

Vu par le Doyen de la Faculté,
COLMET DE SANTERRE.

VU
et permis d'imprimer :
Le Vice-recteur
de l'Académie de Paris,
GRÉARD.

TABLE DES MATIÈRES

DROIT ROMAIN

Caractère, mécanisme et effets de l'action *institoria*

DROIT FRANÇAIS

Les caisses d'épargne. — Économie politique

CHATEAUROUX. — IMPRIMERIE A. MAJESTÉ

www.ingramcontent.com/pod-product-compliance
Ingram Content Group UK Ltd.
Pitfield, Milton Keynes, MK11 3LW, UK
UKHW012015240726
13965UKWH00002B/384